Jacob Guttmann

Das Verhältniss des Thomas von Aquino

zum Judenthum und zur jüdische Litteratur

Jacob Guttmann

Das Verhältniss des Thomas von Aquino
zum Judenthum und zur jüdische Litteratur

ISBN/EAN: 9783743499980

Hergestellt in Europa, USA, Kanada, Australien, Japan

Cover: Foto ©ninafisch / pixelio.de

Weitere Bücher finden Sie auf **www.hansebooks.com**

Das Verhältniss

des

Thomas von Aquino

zum Judenthum und zur jüdischen Litteratur.

Von

Dr. J. Guttmann,
Landrabbiner zu Hildesheim.

Göttingen,
Vandenhoeck & Ruprecht's Verlag.
1891.

Digitized by the Internet Archive
in 2011 with funding from
University of Toronto

http://www.archive.org/details/dasverhltnissd00gutt

Seinem hochverehrten väterlichen Freunde

Herrn Professor Dr. J. Derenbourg

Membre de l'Institut in Paris

zum bevorstehenden achtzigsten Geburtstage

in Liebe und Dankbarkeit

dargebracht

vom Verfasser.

Inhalt.

		Seite
I.	Thomas von Aquino und das Judenthum . . .	1—15
II.	Das Verhältniss des Thomas von Aquino zur Gabirol'schen Philosophie	16—30
III.	Das Verhältniss des Thomas von Aquino zur Religionsphilosophie des Maimonides	31—92
	1. Vernunft und Offenbarung. Die Erkenntniss Gottes	33—40
	2. Die Lehre von Gott und von den göttlichen Attributen	40—57
	3. Die Lehre von der Schöpfung	58—72
	4. Die Lehre von den Engeln und von der Prophetie	73—79
	5. Die Erklärung der biblischen Gebote	80—92

I. Thomas von Aquino und das Judenthum.

Die Geschichtsforschung unserer Zeit hat mit einer gewissen Vorliebe sich dem Mittelalter zugewendet und eine genauere Erkenntniss der das Mittelalter beherrschenden Geistesströmungen hat den Bann des Vorurtheils, unter dem diese Geschichtsperiode lange Zeit hindurch zu leiden hatte, allmälig gebrochen und zu einer gerechteren Würdigung der Cultur und des Geisteslebens auch im Mittelalter geführt. Es hat auch hier die oft gemachte Erfahrung sich bestätigt, dass die unbedingte Verurtheilung einer grossen geschichtlichen Erscheinung gewöhnlich auf ein mangelhaftes Verständniss derselben zurückzuführen sei und dass mit der besseren Einsicht in die geschichtlichen Thatsachen das Urtheil ganz von selber eine andere Gestalt gewinne. Und doch wird man bei aller Geneigtheit, auch dem Mittelalter gerecht zu werden, sich dem Eingeständniss nicht verschliessen können, dass dem Culturleben der Völker im Mittelalter eine gewisse geistige Gebundenheit anhafte, die auch an seinen hervorragendsten Vertretern zur Erscheinung kommt und es zur Entfaltung eines wahrhaft freien Geisteslebens in ihm nicht kommen liess. Eine Wissenschaft im eigentlichen Sinne des Wortes giebt es im Mittelalter nicht, weil durch den Autoritätsglauben der freien und voraussetzungslosen Erforschung der Wahrheit auf allen Gebieten eine fast unübersteigliche Schranke gezogen ist. Stets hat die Kirche das letzte Wort. Unter dem Druck, den die das ganze Leben der Völker beherrschende Macht der Kirche ausübt, bildet sich eine geistige Befangenheit heraus, deren Spuren uns in den Schöpfungen des Mittelalters überall entgegentreten. Diese geistige Befangenheit offenbart sich uns auch in der selbst den führenden Geistern eigenthümlichen Unfähigkeit, sich zu einem unabhängigen Urtheil über die auf einem anderen Boden als dem der Kirche erwachsenen geistigen Anschauungen aufzuschwingen. Das Mittelalter ist darum auch überaus arm an wahrhaft reformatorischen Männern, an geschichtlichen Persönlichkeiten, die, über die Schranken ihrer Zeit hinausstrebend, den Muth gehabt hätten, mit den überlieferten Anschauungen zu brechen und die Entwicklung der Völker in neue Bahnen zu leiten.

Wir haben diese Bemerkungen vorausgeschickt, um dadurch den rechten Gesichtspunkt für die Beurtheilung der Stellung zu gewinnen, die Thomas von Aquino dem Judenthume gegenüber einnimmt. Will man diesem bedeutendsten und einflussreichsten Lehrer der christlichen Theologie im Mittelalter auch nach dieser Richtung hin Gerechtigkeit widerfahren lassen, so muss man ihn im Zusammenhange mit den Anschauungen und aus dem Geiste seiner Zeit heraus beurtheilen. Ein Reformator ist eben auch Thomas von Aquino nicht; er ist vielmehr und will vor Allem sein ein Lehrer der katholischen Kirche. Von einem katholischen Theologen des Mittelalters aber, der noch dazu in einer Zeit lebt, in der die Erregung der Kreuzzüge in den Gemüthern der gesammten Christenheit noch mächtig nachzittert, und dessen Hauptwirksamkeit als Lehrer an der Pariser Universität einem Lande angehört, das an feindseliger Gesinnung gegen das Judenthum damals alle anderen Länder überbietet, von einem solchen Manne darf man billiger Weise nicht erwarten, dass er dem Judenthume gegenüber frei von Vorurtheilen sein solle, die in manchen Kreisen selbst bis auf den heutigen Tag noch nicht ganz überwunden sind. Aus eigenem Gute hat Thomas jedenfalls Nichts hinzugethan, um der Glut des Judenhasses neue Nahrung zuzuführen. Als Lehrer der Kirche nimmt er, was diese in den Bestimmungen des kanonischen Rechts und in den verschiedenen Konzilsbeschlüssen über die Behandlung der Juden verordnet hat, in sein theologisches System mit auf und sucht es, so gut er kann, auch theoretisch zu begründen, zuweilen aber auch durch eine mildere Auslegung in seinen Wirkungen abzuschwächen. Es mag bedauerlich sein, dass ein Mann wie Thomas gewisse Dinge, deren Verwerflichkeit unserem sittlichen Gefühl unzweifelhaft erscheint, mit so philosophischer Gelassenheit zum Gegenstand einer angeblich wissenschaftlichen Erörterung macht und ihnen durch diese Art der Behandlung und durch das Gewicht seines Namens den Schein einer theoretischen Berechtigung verleiht [1]). Allein die Schuld daran trägt nicht er, sondern die scholastische Methode, die allerdings durch ihn zur höchsten Virtuosität ausgebildet worden ist. Eine Spur von

---

[1]) Vgl. Güdemann Geschichte des Erziehungswesens und der Cultur der abendländischen Juden während des Mittelalters und der neueren Zeit B. II (Wien 1884) S. 98 f.

persönlicher Gehässigkeit gegen das Judenthum, wie sie uns z. B. bei Wilhelm von Auvergne begegnet[1]) und von der selbst Thomas' Lehrer und Vorgänger Albertus Magnus nicht ganz freizusprechen ist[2]), tritt uns jedoch bei Thomas von Aquino nirgendwo entgegen. Thomas ist kein Fanatiker. Er ist zu fromm, um an den rohen Ausschreitungen des Glaubenshasses Gefallen zu finden, und ein viel zu wissenschaftlicher Geist, als dass er durch irgendwelche Aufwallung der Leidenschaft sich in der Ruhe seiner Gedankenarbeit sollte beirren lassen. Schon sein Verhalten dem Maimonides gegenüber legt dafür ein ehrenvolles Zeugniss ab. Eine merkwürdige Erscheinung nennt es ein neuerer Darsteller der mittelalterlichen Philosophie, dass Thomas in der Schöpfungslehre die Bahn seiner christlichen Vorgänger verlässt und dem Maimonides folgt[3]). Der jüdische Ursprung dieser Gedanken, wie so mancher anderen, in denen er sich dem Rabbi Moyses anschliesst, ist für ihn eben kein Grund, weshalb er ihnen nicht, nachdem er sie für richtig erkannt hat, selbst im Widerspruch mit seinen christlichen Vorgängern seine Zustimmung ertheilen sollte. Wir wollen jedoch dem weiteren Verlauf unserer Untersuchung nicht vorgreifen und uns im Folgenden zunächst mit den Ansichten des Thomas von Aquino über die Rechtsverhältnisse der Juden und ihre Behandlung Seitens der Kirche und der weltlichen Fürsten beschäftigen.

Mit aller Entschiedenheit spricht Thomas sich dagegen aus, die Juden durch die Ausübung irgendeines Zwanges dem christlichen Glauben zuzuführen. Wohl sei es Pflicht der Gläubigen, wenn sie die Macht dazu besitzen, jede Beeinträchtigung des christlichen Glaubens durch die Schmähungen, Verführungskünste und Verfolgungen Seitens der Andersgläubigen zu verhüten. Einen Zwang zur Annahme des christlichen Glaubens dürfe man jedoch auf Juden und Heiden, selbst wenn sie in die Kriegsgefangenschaft der Christen gerathen wären, nicht ausüben, denn der Glaube müsse durchaus dem freiem Willen des Menschen überlassen bleiben[4]). In demselben Sinne äussert Thomas sich

---

1) Vgl. Guttmann Guillaume d'Auvergne et la littérature juive in der Revue des Études Juives B. XVIII S. 243 f.
2) Bekanntlich hat Albertus Magnus auch das im Jahre 1248 in Paris erlassene Dekret, die Verbrennung des Talmuds betreffend, mitunterzeichnet. Vgl. auch Joël Verhältniss Albert des Grossen zu Moses Maimonides (Programmschrift des jüd.-theol. Seminars zu Breslau 1863) S. 14.
3) Stöckl Geschichte der Philosophie des Mittelalters (Mainz 1865) II S. 559.
4) Summa theologiae II, 2 qu. 10 artic 8. (Ich benutze die 1660 in Paris erschienene Thomasausgabe in 23 Foliobänden.) Respondeo

auch über die Frage, ob es gestattet sei, unmündige jüdische Kinder gegen den Willen ihrer Eltern gewaltsam zu taufen. Wie es scheint, ist diese Frage damals vielfach erörtert und von manchen Kirchenlehrern unter Berufung auf die Autorität des Augustin und des Hieronymus in bejahendem Sinne entschieden worden. Zu dieser Ansicht hat später sich ja auch noch ein Mann wie Johannes Duns Scotus bekannt [1]). Thomas glaubt die Frage verneinen zu müssen, denn der Autorität des kirchlichen Herkommens gegenüber, das sich niemals für die gewaltsame Taufe jüdischer Kinder entschieden habe, könne selbst die Autorität eines Augustin oder eines Hieronymus nicht ins Gewicht fallen. Er hält es sogar für gefährlich, der kirchlichen Sitte zuwider die Berechtigung einer gewaltsamen Taufe jüdischer Kinder auf's Neue zu vertreten, da das Ansehen der Kirche dadurch Schaden leiden würde, wenn die Kinder im reiferen Alter, von ihren Eltern überredet, sich von der Kirche wieder abwenden würden. Es widerstreite auch der natürlichen Gerechtigkeit, das Kind, das, solange es nicht den Gebrauch der eigenen Vernunft hat, naturgemäss der Gewalt des Vaters untersteht, der Obhut der Eltern zu entziehen oder gegen den Willen der Eltern über das Kind zu verfügen [2]). Eine andere von Thomas aufgeworfene

---

dicendum, quod infidelium quidam sunt, qui nunquam susceperunt fidem, sicut Gentiles et Judaei, et tales nullo modo sunt ad fidem compellendi, ut ipsi credant, quia credere voluntatis est, sunt tamen compellendi a fidelibus, si adsit facultas, ut fidem non impediant vel blasphemiis vel malis persuasionibus, vel etiam apertis persecutionibus. Et propter hoc fideles Christiani frequenter contra infideles bellum movent, non quidem ut eos ad credendum cogant (quia si etiam eos vicissent et captivos haberent, in eorum libertate relinquerent, an credere vellent), sed propter hoc, ut eos compellant, ne fidem Christi impediant. — Auf die Frage, ob eine Zwangstaufe gültig sei, geht Thomas nicht ein. Durand von St. Pourçain und andere spätere Theologen des Dominikanerordens nehmen keinen Anstand, sie für ungültig zu erklären. Vgl. Werner Johannes Duns Scotus (Wien 1881) S. 502.

1) Vgl. Duns Scotus In librum sentent. IV dist. 4 qu. 9 n. 2. Werner a. a. O. S. 502. Spätere Ansichten über diese Frage findet man zusammengestellt bei Stobbe Die Juden in Deutschland während des Mittelalters (Braunschweig 1866) S. 166.

2) Summ. theolog. II, 2 qu. 10 artic. 10. Respondeo dicendum, quod maximam habet autoritatem ecclesiae consuetudo, quae semper est in omnibus aemulanda, quia et ipsa doctrina catholicorum doctorum ab ecclesia autoritatem habet. Unde magis standum est autoritati ecclesiae quam autoritati vel Augustini vel Hieronymi vel cujuscunque doctoris. Hoc autem ecclesiae usus nusquam habuit, quod Judaeorum filii invitis parentibus baptizarentur, quamvis fuerint retroactis temporibus multi catholici principes potentissimi, ut Constantinus et Theodosius, quibus familiares fuerunt sanctissimi episcopi, ut Sylvester

Frage hat zum Gegenstand die mit den Ungläubigen zu führenden Religionsgespräche. Soweit es sich hierbei um die Religionsgespräche mit Juden handelt, hat man wohl nicht, wie aus der weiteren Ausführung hervorgeht, an die von der Kirche selbst veranstalteten Disputationen zu denken, deren eine bekanntlich im Jahre 1240 zu Paris stattgefunden und zur Verbrennung des Talmuds geführt hat. Die Rechtmässigkeit eines solchen durch die Autorität der Kirche geschützten Aktes würde Thomas wohl auch nicht einmal hypothetisch in Zweifel ziehen. Es scheint vielmehr, dass seine Ausführungen sich auf die im Mittelalter und besonders in Frankreich sehr beliebten Unterredungen zwischen jüdischen Gelehrten und christlichen Theologen beziehen, in denen dem Witz und der Schlagfertigkeit des jüdischen Unterredners zuweilen die weitestgehende Freiheit zugestanden wurde [1]). Thomas giebt die Entscheidung ab, dass eine solche Disputation sündhaft wäre, wenn sie von dem Disputirenden unternommen würde, weil er seines Glaubens selber nicht sicher sei; sie sei dagegen lobenswerth, wenn sie dazu dienen solle, Irrthümer zu widerlegen oder um sich in der Vertheidigung des Glaubens zu üben. Was die Zuhörer betrifft, so habe es keine

---

Constantino et Ambrosius Theodosio, qui nullo modo praetermisissent ab eis impetrare, si hoc esset consonum rationi. Et ideo periculosum videtur hanc assertionem de novo inducere, ut praeter consuetudinem in ecclesia hactenus observatam invitis parentibus Iudaeorum filii baptizentur. Et hujus ratio est duplex. Una quidem propter periculum fidei. Si enim pueri nondum usum rationis habentes baptismum susciperent, postmodum cum ad perfectam aetatem venirent, de facili possent a parentibus induci, ut relinquerent, quod ignorantes susceperunt, quod vergeret in fidei detrimentum. Alia vero ratio est, quia pugnat justitiae naturali. Filius enim naturaliter est aliquid patris ... Unde contra justitiam naturalem esset, si puer, antequam habeat usum rationis, a cura parentum subtrahatur vel de eo aliquid ordinetur invitis parentibus. Vgl. auch Summ. theolog. III qu. 68 artic. 10; Quodlibet II artic. 7. Danach kann man wohl nicht mit Güdemann (II S. 99) behaupten, dass Thomas die Zwangstaufe für erlaubt halte und nur gegen das kirchliche Herkommen nichts Neues verordnen wolle. Thomas tritt hier vielmehr der von anderer Seite verfochtenen Ansicht von der Berechtigung der Zwangstaufe mit Entschiedenheit entgegen. Ueber Zwangstaufen vgl. noch Güdemann a. a. O. I S. 140.

[1]) Vgl. darüber und besonders über die zahlreichen Religionsgespräche des Nathan Official am Hofe des Bischofs von Sens mit katholischen Geistlichen und hohen Würdenträgern der Kirche die vortreffliche Abhandlung Zadok Kahn's Le Livre de Joseph le Zélateur in der Revue des Études Juives I S. 222 f. III S. 1 f. Ueber Religionsgespräche zwischen Juden und Christen vgl. Güdemann a. a. O. I S. 19. 140. II S. 12. 37. 39. 59. 230. 295; Reuter Geschichte der religiösen Aufklärung im Mittelalter I S. 155 f. II S. 31 u. a. O.

Gefahr, wenn eine solche Disputation vor Gelehrten geführt würde, die ihres Glaubens sicher seien. Bei Ungelehrten aber habe man zu unterscheiden, ob sie durch den Verkehr mit Ungläubigen, wie mit Juden, Haeretikern und Heiden, in ihrem Glauben gefährdet seien, oder ob eine solche Gefahr, wie in den Ländern, in denen es Ungläubige überhaupt nicht gebe, ausgeschlossen sei. Im ersteren Falle sei es sogar eine Pflicht, wenn nur die hierzu geeigneten Personen vorhanden seien, öffentliche Religionsgespräche zu veranstalten, um den verderblichen Einflüssen der Ungläubigen dadurch entgegenzuwirken, zumal da das Schweigen derer, die berufen wären, den gegen die Wahrheit des Glaubens gerichteten Angriffen entgegenzutreten, als eine Bestätigung des Irrthums könnte gedeutet werden. Im anderen Falle seien Religionsgespräche zu vermeiden, damit nicht die in ihrem Glauben bisher unangefochten Gebliebenen durch die von den Ungläubigen erhobenen Zweifel beunruhigt würden [1]). Die Freiheit ihrer Religionsübung, so lehrt ferner Thomas, müsse den Juden schon aus dem Grunde zugestanden werden, weil in den Religionsgebräuchen der Juden die Wahrheit des christlichen Glaubens gewissermassen vorgebildet sei. Diese Gebräuche sind daher als ein werthvolles, von den Feinden selbst dargebotenes Zeugniss für die Wahrheit des christlichen Glaubens und als eine symbolische Darstellung dieses Glaubens von der Kirche zu dulden [2]). Auch der Umgang mit Juden ist seiner Ansicht nach den Gläubigen nicht unbedingt zu verwehren. Gegen die Juden als Strafe für ihren Unglauben könne ein

---

1) Ibidem II, 2 qu. 10 artic. 7. Ex parte vero audientium considerandum est, utrum illi, qui disputationem audiunt, sunt instructi et firmi in fide, aut simplices et in fide titubantes. Et quidem coram sapientibus in fide firmis nullum periculum est disputare de fide. Sed circa simplices est distinguendum, quia aut sollicitati sive pulsati ab infidelibus (puta Iudaeis, vel haereticis, sive paganis) nitentibus corrumpere in eis fidem, aut omnino non sunt sollicitati super hoc sicut in terris, in quibus non sunt infideles. In primo casu necessarium est publice disputare in fide, dummodo inveniantur aliqui ad hoc sufficientes et idonei, qui errores confutare possunt. Per hoc enim simplices in fide firmabuntur et tolletur infidelibus decipiendi facultas, et ipsa taciturnitas eorum, qui resistere deberent pervertentibus fidei veritatem, esset erroris confirmatio etc. Vgl. auch Werner. Der heilige Thomas von Aquino (Regensburg 1858) I S. 597.

2) Ibidem II, 2 qu. 10 artic. 11. Ex hoc autem, quod Iudaei ritus suos observant, in quibus olim praefigurabatur veritas fidei, quam tenemus, hoc bonum provenit, quod testimonium fidei nostrae habemus ab hostibus et quasi in figura nobis repraesentatur, quod credimus. Eine ähnliche Aeusserung findet sich auch bei Alexander von Hales (vgl. Guttmann Alexandre de Hales et le judaisme in der Revue des Études Juives XIX S. 226).

solches Verbot nicht erlassen werden, weil die Juden nicht unter der geistlichen Jurisdiktion der Kirche ständen und deshalb von den Gläubigen nur für irgendeine Schuld, die sie begangen haben, und auch dann nur mit weltlichen Strafen belegt werden könnten. Der Umgang mit Juden könne daher nur den Gläubigen verboten werden wegen der Gefahr, die ihnen daraus für ihren Glauben erwachsen könnte. Denen, die fest genug in ihrem Glauben stehen, dass eine solche Gefahr für sie nicht zu befürchten sei, von denen vielmehr eher zu hoffen sei, dass sie die Ungläubigen zu sich herüberziehen, sei darum der Umgang mit Juden nicht zu verwehren, besonders wenn irgend eine dringende Veranlassung für einen solchen Verkehr vorliegt; wohl aber sei er den Ungelehrten und Schwankenden zu untersagen, die durch ihn in ihrem Glauben erschüttert werden könnten[1]). Die Frage, ob es statthaft sei, dass Ungläubige oder Juden irgendeine Herrschaft über Bekenner des christlichen Glaubens ausüben, d. h. ob Juden christliche Sklaven halten dürften, wird von Thomas in folgender Weise beantwortet. Wo ein solches Recht bisher noch nicht bestanden hat, da darf es den Ungläubigen unter keiner Bedingung eingeräumt werden, erstens wegen der Gefährdung des Glaubens, die für die den Ungläubigen Untergebenen daraus erwachsen könnte, und dann, weil die Ungläubigen, wenn sie an ihren christlichen Sklaven irgendeinen Fehler wahrnähmen, diesen dem Glauben zur Last legen möchten. Anders verhält es sich da, wo die Ungläubigen dieses Recht bereits besitzen. In diesem Falle kann es ihnen nicht ohne Weiteres genommen werden, denn ein Recht, das in der natürlichen Vernunft begründet ist, kann nicht durch die aus dem göttlichen Recht stammende Unterscheidung zwischen Gläubigen und Ungläubigen einfach aufgehoben werden. Wohl aber steht es der mit göttlicher Autorität bekleideten Kirche zu, durch einen Beschluss oder eine Verordnung ihrerseits auch ein

---

1) Ibidem II, 2 qu. 10 artic. 9. Primo ergo modo non interdicit ecclesia fidelibus communionem infidelium, qui nullo modo fidem christianam receperunt (scilicet paganorum vel Judaeorum), quia non habet de eis judicare spirituali judicio sed temporali in casu, cum inter Christianos commorantes aliquam culpam committunt et per fideles temporaliter puniuntur (vgl. Alexander v. Hales Summ. theolog. II qu. 179 membr. 4) . . . . Sed quantum ad secundum modum videtur esse distinguendum secundum diversas conditiones personarum et negotiorum et temporum. Si enim aliqui fuerint firmi in fide ita, quod ex communione eorum cum infidelibus conversio infidelium magis sperari possit quam fidelium a fide aversio, non sunt prohibendi infidelibus communicare, qui fidem non susceperunt (scilicet paganis vel Judaeis) et maxime, si necessitas urgeat etc.

solches Recht aufzuheben. Die Kirche übt diese Macht jedoch nicht in allen Fällen aus, sondern nur da, wo die Ungläubigen der zeitlichen Jurisdiktion der Kirche und ihrer Glieder unterworfen sind. So hat z. B. die Kirche die Bestimmung getroffen, dass der Sklave eines Juden, wenn er als Sklave geboren ist, oder ein Ungläubiger, der von einem Juden zum Sklavendienst erworben worden ist, sobald sie Christen werden, ohne Lösegeld freizugeben seien. Ist der Sklave aber zum Zweck des Sklavenhandels gekauft worden, so muss er innerhalb dreier Monate zum Verkauf gestellt werden. Die Kirche begeht damit kein Unrecht, denn da die Juden selber als Sklaven der Kirche zu betrachten sind, so kann sie auch über das Vermögen der Juden verfügen ebenso, wie die weltlichen Fürsten über die ihrer Herrschaft Untergebenen verfügen. Dagegen übt die Kirche diese Macht bei denjenigen, die ihrer zeitlichen Jurisdiktion oder der ihrer Glieder nicht unterworfen sind, nur ausnahmsweise aus, nämlich nur dann, wenn irgendein Aergerniss dadurch verhütet werden soll [1]). Sehr bemerkenswerth ist der Standpunkt, den Thomas in der Wucherfrage einnimmt. Seine Ausführungen über diesen Punkt geben uns, so kurz sie sind, ein treues Spiegelbild von den Verhältnissen und den Anschauungen, unter deren Einwirkung die sogenannte Wucherfrage sich zu einem der traurigsten Kapitel in der Geschichte der

---

[1]) Ibidem. II, 2 qu. 10 artic. 10. Respondeo dicendum, quod circa hoc dupliciter loqui possumus. Uno modo de dominio vel praelatione infidelium super fideles de novo instituenda, et hoc nullo modo permitti debet, cederet enim in scandalum et in periculum fidei . . . . . Alio modo possumus loqui de dominio vel praelatione jam praeexistente. Ubi considerandum est, quod dominium et praelatio introducta sunt ex jure humano, distinctio autem fidelium et infidelium est ex jure divino; jus autem divinum, quod est ex gratia. non tollit jus humanum, quod est ex naturali ratione. . . . Potest tamen juste per sententiam et ordinationem ecclesiae autoritatem Dei habentis tale jus dominii vel praelationis tolli, quia infideles merito suae infidelitatis merentur potestatem amittere super fideles, qui transferuntur in filios Dei. Sed hoc quidem ecclesia quandoque facit, quandoque autem non facit. In suis enim infidelibus, qui etiam temporali subjectione subjiciuntur ecclesiae et membris ejus, hoc jus ecclesia statuit, ut servus Judaeorum, cum fuerit factus Christianus, statim a servitute liberetur nullo pretio dato, si fuerit vernaculus, i. e. in servitute natus, et similiter si infidelis existens fuerit emptus ad servitium; si autem fuerit emptus ad mercationem tenetur eum infra tres menses exponere ad vendendum. Nec in hoc injuriam facit ecclesia, quia cum ipsi Judaei sint servi ecclesiae, potest disponere de rebus eorum, sicut etiam principes saeculares multas leges ediderunt circa suos subditos in favorem libertatis. — Ueber das Recht der Juden, christliche Sklaven zu halten vgl. Stobbe a. a. O. S. 171 f.; über jüdischen Sklavenhandel im Mittelalter Güdemann II S. 16. 28.

Juden im Mittelalter herausgebildet hat. Um die von Thomas abgegebene Entscheidung in das rechte Licht zu rücken, sei es uns gestattet, mit wenigen Worten auf die Frage selber einzugehen und die wesentlichen hierbei in Betracht kommenden Momente dem Leser vorzuführen. Schon der blosse Ausdruck „jüdischer Wucher" hat durch die falschen Vorstellungen, die er erweckt, das grösste Unheil angerichtet, denn bekanntlich wird im Mittelalter, weil nach den Bestimmungen des kanonischen Gesetzes jedes Zinsnehmen untersagt war, auch der mässigste Zins als Wucher bezeichnet. Freilich ist auch innerhalb der Kirche das Zinsverbot niemals zu strikter Durchführung gelangt. Das wirthschaftliche Bedürfniss erwies sich mächtiger als das Gesetz der Kirche und die mittelalterlichen Geschichtsquellen wissen uns gar Mancherlei auch über den von Christen betriebenen Wucher zu berichten [1]) Für die Juden aber, die von den meisten anderen Erwerbszweigen ausgeschlossen wurden, war das Zinsgeschäft eine der wenigen Nahrungsquellen, auf die sie durch die Gesetzgebung des Mittelalters sich beschränkt sahen. Es fehlt nicht an Stimmen, die es ausdrücklich bezeugen, dass man den Juden auch von christlicher Seite den Betrieb des Zinsgeschäftes aus diesem Grunde nicht glaubte verwehren zu dürfen [2]). Wo den Juden ausnahmsweise andere Erwerbszweige offen standen, haben sie auch im Mittelalter sich denselben zugewendet. So wissen wir z. B. durch Thomas von Aquino, dass in Italien, wo das Wuchergeschäft unter Christen in hoher Blüthe stand [3]), die Juden ihren Lebensunterhalt sich durch Arbeit und nicht durch Wucher erwarben [4]). Die Kirche aber hat den „Wucher" der Juden nicht nur geduldet, sondern ihn sogar offen begünstigt und gewissermassen planmässig grossgezogen. Wollte man das kirchliche Verbot des Zinsnehmens aufrecht erhalten, so konnte man die Geldgeschäfte der Juden nicht entbehren. So nahmen auch geistliche Fürsten, wenn sie Geld brauchten, keinen Anstand, ein zinsliches Darlehen bei den Juden aufzunehmen. Als Bernhard von Clairvaux im Jahre 1146 während des zweiten Kreuzzuges von der Verfolgung der Juden abmahnte, bediente er sich hierbei auch des Arguments,

---

1) Vgl. Stobbe S. 233 Anmerk. 93; Güdemann II S. 243 f.
2) Vgl. Neumann Geschichte des Wuchers in Deutschland (1865) S. 305 f. Stobbe S. 108.
3) Vgl. Güdemann II S. 243 f.
4) De regimine Judaeorum (Tom XX pag. 843) artic. 2 Melius enim esset, ut (sc. principes) Judaeos laborare compellerent ad proprium victum lucrandum, sicut in partibus Italiae faciunt, quam quod otiosi viventes solis usuris ditentur et sic eorum domini suis redditibus defraudarentur. Vgl. Güdemann II S. 89.

dass, wenn die Juden nicht da wären, die christlichen Wucherer es noch übler als die Juden machen würden [1]). So war den Juden im Mittelalter das Zinsgeschäft von Seiten der Kirche und der christlichen Staaten geradezu aufgedrängt worden, was aber weder die Kirche noch die weltlichen Fürsten daran gehindert hat, die Juden, wenn es ihnen beliebte, um ihres „Wuchers" willen den grausamsten Verfolgungen preiszugeben. Eine ähnliche Stellung zur Wucherfrage nimmt auch Thomas von Aquino ein. Nachdem er zuerst das kirchliche Verbot des Zinsnehmens zum Gegenstand einer eingehenden kasuistischen Erörterung gemacht hat, wirft er die Frage auf, ob es dem Gläubigen gestattet sei, Geld auf Zinsen zu entleihen. Man könnte glauben, so führt er in den Argumenten für das Quod non aus, dass das Zinsgeben ebensowenig zu gestatten sei wie das Zinsnehmen, da man durch das Zinsgeben der Sünde des Wucherers zuzustimmen scheint und ihm, um einen zeitlichen Vortheil für sich selber zu erlangen, Gelegenheit giebt, eine Sünde zu begehen. Selbstverständlich fällt jedoch die Entscheidung für die Erlaubniss des Zinsgebens aus. Ueberaus bezeichnend aber ist die Art und Weise, wie Thomas das dagegen erhobene sittliche Bedenken zu widerlegen sucht. Allerdings, so meint er, dürfe man Niemanden zu einer Sünde verleiten; dagegen sei es wohl gestattet, sich der Sünde eines Anderen zu etwas Gutem zu bedienen, wie ja auch Gott den Sünden der Menschen und überhaupt allem Bösen etwas Gutes abzugewinnen weiss. So dürfe man auch im vorliegenden Falle zwar Niemanden dazu verleiten, Geld auf Zinsen auszuleihen; von demjenigen aber, der einmal dazu bereit ist und Zinsgeschäfte betreibt, sei es wohl gestattet, ein zinsliches Darlehen aufzunehmen um des guten Zweckes willen, dass dadurch der eigenen Noth oder der eines Anderen abgeholfen werde [2]). Es bedarf keiner weiteren Ausführung, um die Bedenklichkeit einer solchen an die Lehre von der Heiligung der Mittel durch den Zweck erinnernden Moraltheorie nachzuweisen, zu der aber selbst ein Mann wie Thomas von Aquino seine Zuflucht nehmen muss, indem er das Verhalten der Kirche in der Wucherfrage zu rechtfertigen unternimmt.

---

1) Vgl. Stobbe S. 107.
1) Summ theolog. II, 2 qu. 78 artic. 4. Respondeo dicendum, quod inducere hominem ad peccandum nullo modo licet, uti tamen peccato alterius ad bonum licitum est, quia et Deus utitur omnibus peccatis ad aliquod bonum, ut dicitur in Enchirid (Cap. 11) . . . Ita etiam in proposito dicendum est, quod nullo modo licet inducere aliquem ad mutuandum sub usuris, licet tamen ab eo, qui hoc paratus est facere et usuras exercet, mutuum accipere sub usuris propter aliquod bonum, quod est subventio suae necessitatis vel alterius.

Mit den Rechtsverhältnissen der Juden beschäftigt sich Thomas auch noch in einer besonderen De regimine Judaeorum betitelten Schrift, die an die Herzogin Margarita oder Adelaide von Flandern gerichtet ist[1]) und in der Thomas dieser Fürstin, die sich an ihn als an ihren Gewissensrath gewandt hatte, einige auf die Behandlung der Juden bezügliche Fragen beantwortet. Eine Mischung von Ungerechtigkeit und Milde tritt in dieser Schrift zu Tage[2]), die auf den Leser einen Nichts weniger als erfreulichen Eindruck macht. Man darf jedoch bei der Beurtheilung derselben den Umstand nicht ausser Acht lassen, dass wir es mit einer Gelegenheitsschrift zu thun haben, in der Thomas vielleicht den Wünschen seiner hohen Gönnerin Etwas mehr entgegenkommt, als es sonst seinen Anschauungen entspricht; wenigstens hat er in seinen grossen systematischen Schriften die hier erörterten Fragen ganz unberücksichtigt gelassen. Auf die erste Frage der Herzogin, ob sie von den in ihrem Lande ansässigen Juden Steuern und Kontributionen erheben dürfe, ertheilt Thomas die folgende Antwort. Obgleich die Juden rechtmässig wegen ihrer Schuld zu einer beständigen Sklaverei verdammt sind und die Landesfürsten demnach das Vermögen der Juden gleichsam als ihr eigenes in Anspruch nehmen dürften, so müssen die Fürsten sich doch die Beschränkung auferlegen, dass sie den Juden nicht auch die zu ihrem Lebensunterhalt nothwendigen Mittel entziehen[3]). Da wir aber auch mit den Draussenstehenden in schicklicher Weise verfahren sollen, damit der Name Gottes nicht entweiht werde, und der Apostel uns durch sein Beispiel gemahnt, den Juden, den Heiden und der Kirche Gottes keinen Anstoss zu geben, so erscheint es angemessen, den Juden nicht zwangsweise Leistungen aufzuerlegen, zu denen sie früher nicht angehalten wurden, da die Gemüther der Menschen durch das ihnen Ungewohnte in besonders hohem Maasse beunruhigt werden. So dürfe auch die Fragestellerin unter Innehaltung einer solchen Selbstbeschränkung, wenn sonst Nichts dagegen ist, von den Juden in der Weise ihrer Vorgänger Steuern erheben. Es scheine aber die Bedenklichkeit der Fürstin dadurch gesteigert zu werden, dass die Juden ihres Landes Nichts zu besitzen scheinen, was sie nicht durch verwerflichen Wucher erworben hätten, denn weiter werde von ihr die Frage aufgeworfen, ob sie von den

---

1) Vgl. Werner Der heilige Thomas I S. 113 Anmerk. 1.
2) Vgl. Depping Die Juden im Mittelalter (deutsch. Uebersetz.) S. 180.
3) Zu demselben Ergebniss in dieser Frage gelangt. viel weiter gehenden Ansichten entgegentretend, auch Alexander von Hales. Vgl. Revue des Études Juives XIX S. 227—228.

Juden Etwas eintreiben dürfe, da das von Anderen Erpresste doch eigentlich diesen wieder müsste zurückerstattet werden ¹). Darauf habe er nun die Antwort zu geben, dass sie allerdings dasjenige, was die Juden selber, weil es durch Wucher erworben sei, rechtmässig nicht behalten dürften, wenn sie es an sich gezogen habe, gleichfalls nicht behalten dürfe, es sei denn, die Juden hätten es von ihr selber oder von ihren bisherigen Vorgängern erpresst. Das von Anderen Erpresste hingegen sei diesen zurückzuerstatten, falls bestimmte Personen sich nachweisen lassen, die von den Juden durch Zinsen ausgebeutet worden sind. Anderenfalls würden diese Summen nach dem Rathe des Bischofs der Diöcese und anderer rechtschaffener Leute zu frommen Zwecken, oder auch, wenn das Bedürfniss dringend ist und das Wohl der Gesammtheit es erheischt, zu gemeinnützigen Zwecken zu verwenden sein. Ebenso wäre sie berechtigt, den Juden neuerdings solche Leistungen unter Beobachtung des bei ihren Vorgängern üblichen Verfahrens aufzuerlegen, um sie dann den gedachten Zwecken zuzuwenden ²). Es folgt die Frage, ob man

---

1) Vgl. das. S. 229.
2) De regimine Judaeorum (Tom. XX) pag. 843. Ad quam quaestionem sic absolute propositam responderi potest, quod, quamvis, ut jura dicunt, Judaei merito culpae suae sint vel essent perpetuae servituti addicti (vgl. oben S. 8 Anmerk. 1) et sic eorum res terrarum domini possint accipere tanquam suas, hoc tamen servato moderamine, ut necessaria vitae subsidia eis nullatenus subtrahantur. Quia tamen oportet nos honeste ambulare etiam ad eos, qui foris sunt, ne nomen Dei blasphemetur, et apostolus fideles admonet suo exemplo (Thessal. 4, 11), ut sine offensione simus Judacis ac gentibus et ecclesiae Dei (1 Corinth 10, 32; 14, 16), hoc servandum videtur, ut, sicut jura determinant, ab eis coacta servitia non exigantur, quae ipsi praeterito tempore facere non consueverunt, quia ea, quae sunt insolita, magis solent animos hominum perturbare. Secundum igitur hujus moderationis sententiam potestis secundum consuetudinem praedecessorum vestrorum exactionem in Judaeos facere, si tamen aliud non obsistat. Videtur autem, quantum conjicere potui, circa hoc dubitatio vestra augeri ex his, quae consequenter inquiritis, quod Judaei terrae vestrae nihil videntur habere, nisi quod acquisierunt per usurarum pravitatem, unde consequenter quaeritis, si liceat aliquid ab eis exigere, cum restituenda sint extorta. Super hoc ergo sic respondendum videtur, quod cum ea, quae Judaei per usuras ab aliis acquisiverunt, non possent licite retinere, consequens est, ut, si etiam vos haec acceperitis ab eis, non possetis licite retinere, nisi forsan essent talia, quae a vobis vel ab antecessoribus vestris hactenus extorsissent. Si qua vero habent, quae extorserunt ab aliis, haec ab eis exacta illis debetis restituere, quibus Judaei restituere tenebantur. Unde si inveniuntur certae personae, a quibus extorserunt usuras, debet eis restitui, alioquin debet in pios usus secundum consilium dioccesani episcopi et aliorum proborum, vel etiam in communem utilitatem terrae, si ne-

einem Juden, der sich eines Vergehens schuldig gemacht habe, eine Geldstrafe auferlegen dürfe, da er doch all' sein Gut durch Zins erworben habe. Darauf antwortet Thomas, dies dürfe schon aus dem Grunde geschehen, weil sonst dem Juden das Unrecht des Zinsnehmens noch zum Vortheil ausschlagen würde. Es müssten dem Juden wie jedem, der auf Zins ausleiht, sogar höhere Geldstrafen auferlegt werden, dazu aber noch eine andere Strafe, damit die Abnahme des unrecht erworbenen Gutes nicht als eine hinreichende Sühne angesehen werde. Die eingezogenen Geldstrafen müssten jedoch, wenn die Betreffenden ihr Vermögen ausschliesslich durch Zinsnehmen erworben hätten, zu den oben erwähnten Zwecken verwendet werden. Die Landesfürsten hätten den Schaden, der ihnen daraus entstehe, sich selber zuzuschreiben, da sie die Juden, anstatt sie, wie es in einigen Theilen Italiens geschehe, zur Arbeit anzuhalten, ungestört ihren Zinsgeschäften hätten nachgehen lassen [1]). Endlich hatte die Herzogin an Thomas die Frage gerichtet, ob er es für angemessen halte, dass die Juden ihres Landes zum Tragen der sie von den Christen unterscheidenden Abzeichen gezwungen würden. Diese Frage wird von Thomas mit Berufung auf den bekannten Beschluss des von dem Pabste Innocenz III. abgehaltenen lateranischen Konzils bejaht; er eignet sich aber auch, vermuthlich aus Mangel an besseren Gründen, die wunderliche Rechtfertigung dieses Beschlusses an, dass den Juden ja auch im alten Testamente durch das Gebot der Schaufäden eine besondere Kleidertracht vorgeschrieben würde [2]).

Wir scheiden gern von diesem Gebiete mittelalterlicher Judengesetzgebung, um uns den Beziehungen des Thomas von Aquino zur Litteratur des Judenthumes zuzuwenden. Eine Quelle des Judenhasses scheint Thomas jedenfalls verschlossen geblieben zu sein. Es findet sich bei ihm fast nirgends eine Spur jener berüchtigten Art von Talmudgelehrsamkeit, wie sie

---

cessitas immineat vel exposcat communis utilitatis, erogari. Nec esset illicitum, si ex Judaeis exigeretis talia de novo servata consuetudine praedecessorum vestrorum hac intentione, ut in praedictos usus expenderentur.

1) De regimine Judaeorum artic. 2. Vgl. oben S. 9 Anmerk. 4.
2) Ibidem artic. 8. Ultimo quaeritis, si bonum est, ut per provinciam vestram Judaei signum distinctivum a Christianis deportare cogantur. Ad quod plana est responsio, et secundum statutum concilii generalis Judaei utriusque sexus in omni Christianorum provincia et in omni tempore aliquo habitu ab aliis populis debent distingui. Hoc eis etiam in lege eorum mandatur, ut scilicet faciant fimbrias per quatuor angulos palliorum, per quos ab aliis discernantur. Vgl. Güdemann II S. 100.

den christlichen Theologen des Mittelalters nicht selten von jüdischen Konvertiten zugeführt würde. Nur ein einziges Mal haben wir den Talmud bei ihm erwähnt gefunden [1]). Manche Anklänge an jüdische Traditionen, die uns in seinen Schriften begegnen, so z. B. in seiner Erklärung der jüdischen Feste [2]) und der jüdischen Fasttage [3]), wie auch zuweilen in seinen Kommen-

---

1) Contra Gentiles I Cap. 95 (Quod Deus non posset velle malum). Per hoc autem confutatur error Judaeorum, qui in Thalmut dicunt quandoque peccare (Deum) et a peccato purgari. Gemeint ist die vom Opfer des Neumondstages handelnde Stelle im Talmud b. Schebuot fol. 9a, an der übrigens auch schon der Aruch Anstoss nimmt (vgl. Tosaphot z. St.; Kohut ערוך השלם I S. XXXVII). An einigen anderen Stellen werden von Thomas Ansichten oder Fabeln der Juden erwähnt, die zwar aus der talmudischen Litteratur stammen, ihm selber aber vermuthlich erst durch Maimonides bekannt geworden sind. Contra Gentil. III Cap. 82. Per hoc autem excluditur positio Stoicorum, qui ponebant omnes actus nostros et etiam electiones nostras secundum corpora coelestia disponi, quae etiam dicitur positio antiqua Pharisaeorum apud Judaeos. Wahrscheinlich hat Thomas hier die von Maimonides More II Cap. 10 (Munk Le Guide des Égarés II S. 48) citirte Stelle aus dem Midrasch Bereschit Rabba im Auge. In dem grossen Kommentar zu den Sentenzen des Petrus Lombardus II dist. 18 qu. 1 artic. 1 sagt Thomas: Respondeo dicendum, quod apud Catholicos dubium non esse debet, quin mulier de costa viri formata fuerit, quamvis Judaei de hoc multa fabulentur, wobei er wohl an die More Ii Cap. 30 (Guide II S. 247) behandelte Midraschstelle denkt. Eine aus Maimonides geschöpfte talmudische Vorschrift wird Summ. theolog. II, 1 qu. 102 artic. 6 als eine Ueberlieferung der Juden angeführt (vgl. weiter den Abschnitt über Maimonides 5. Die Erklärung der biblischen Gebote).

2) Summ. theolog. II, 1 qu. 102 artic. 4. In prima enim die mensis septimi erat festum tubarum in memoriam liberationis Isaac, quando Abraham invenit arietem haerentem cornibus, quem repraesentabant per cornua, quibus buccinabant. Erat autem festum tubarum quasi quaedam initiatio, ut praeparent se ad sequens festum, quod celebrabatur decima die (vgl. More III Cap. 43 Guide III S. 342) et haec erat festum expiationis in memoriam illius beneficii, quo Deus propitiatus est peccato populi de adoratione vituli ad preces Moysi (vgl. More a. a. O. Guide II S. 343) .... Octavo autem die (sc. tabernaculorum) celebrabatur aliud festum, scilicet coetus atque collectae, in quo colligebantur a populo ea, quae erant necessarium ad expensas cultus divini(!). Dieselbe irrthümliche Deutung des Schlussfestes giebt Thomas auch in der Expositio aurea in Psalmos zu Ps. VI.

3) Comment. in Sent. IV dist. 15 qu. 3 artic. 3. Ad quartum dicendum, quod secundum Hieronymum (in Zachar. Cap. 8) Judaei habebant speciales causas, quare illa jejunia observabant. In Julio enim, qui est quartus mensis ab Aprili, quem ipsi primum habent, jejunabant, quia illo mensi septima [decima] die mensis Moyses descendens de monte legis tabulas confregit propter peccatum vituli conflatilis et eodem mensi muri Hierusalem a Nabuchodonosor destructi sunt. In quarto autem mensi, id est in Augusto, propter peccatum murmuris ex verbis exploratorum orti, illo etiam mensi

taren zu den Büchern des alten Testaments, sind wohl auf seine Bekanntschaft einerseits mit dem „Führer" des Maimonides und andererseits mit den Schriften der Kirchenväter, besonders des Hieronymus, zurückzuführen. Auf die spezifischen Lehren des Judenthums lässt Thomas in seinen Schriften sich nicht weiter ein, nicht einmal in der auf Wunsch seines Ordensgenerals Raymund de Pennaforte verfassten Summa contra Gentiles [1]), in der er sich doch die Aufgabe gestellt hat, die katholische Wahrheit gegenüber den Lehren der Andersgläubigen zu rechtfertigen. In dem Eingang dieses Werkes erklärt er vielmehr ausdrücklich, zwischen den besonderen Klassen seiner Gegner nicht unterscheiden und daher auch nicht speciell gegen die Juden aus dem alten Testament argumentiren zu wollen [2]). Von den jüdischen Philosophen sind ihm Isaak Israeli, Avicebron oder Salomon ibn Gabirol und Rabbi Moyses oder Moses ben Maimon bekannt. Von Isaak Israeli, den er zwar nirgends als Juden bezeichnet, aber gleich seinem Lehrer Albertus Magnus wohl unzweifelhaft als solchen erkannt hat [3]), werden nur einzelne logische Begriffsbestimmungen angeführt [4]). Mit seinen Beziehungen zu Avicebron, in dem er den Juden sicherlich nicht geahnt hat, und zu Moses ben Maimon wollen wir uns im Folgenden eingehender beschäftigen.

---

templum incensum est a Nabuchodonosor et postea etiam a Tito et Vespasiano. In septimo autem mensi, id est Oct., propter interfectionem Godoliae, sub quo reliquiae populi conservabantur, ut patet Hier. 41. In decimo autem mensi, id est Januario, in memoriam mortuorum, quos dominus in deserto percusserat. Vgl. auch Summ. theolog. II, 2 qu. 147 artic. 5.

1) Vgl. Ch. Jourdain La philosophie de Saint Thomas d'Aquin (Paris 1858) I S. 110.
2) Contra Gentil. I Cap. 2.
3) Vgl. Joël Verhältniss Albert des Grossen zu Maimonides S. 2 Anmerk. 2; S. 10. Anmerk. 2.
4) Vgl. Quaestiones disputatae, De veritate qu. 14 artic. 1. Sententia autem, ut dicunt Isaac et Avicenna, est conceptio distincta vel certissima alterius partis distinctionis, assentire autem a sententia dicitur. Comment in Sent. III dist. 22 qu. 2 artic. 2. De veritate qu. 15 artic. 1: Unde dicit Isaac in libro de diffinitionibus, quod ratiocinari est cursus causae in causatum. Comment in Sent. I dist. 25 qu. 1 artic. 1: Ut dicit Isaac, quod ratio oritur in umbra intelligentiae. Ibidem II dist. 3 qu. 1 artic. 2; III dist. 14 qu. 1 artic. 3; IV dist. 49 qu. 2 artic. 6. Vgl. über diesen dem zehnten Jahrhundert nach Chr. angehörenden medicinischen und philosophischen Schriftsteller: Grätz Geschichte der Juden B. V [1] S. 282 f.; Fried Das Buch über die Elemente (Leipziger Inauguraldissertation) 1884. Das von Thomas citirte Liber de definitionibus ist abgedruckt (in der lat. Uebersetzung des Gerard von Cremona vgl. Steinschneider Alfarabi Petersburg 1869 S. 5; Wüstenfeld Die Uebersetzungen arabischer Werke in das Lateinische Göttingen 1877 S. 71) in den Opera Isaac Lyon 1515.

II. Das Verhältniss des Thomas von Aquino zur Gabirol'schen Philosophie.

Eine wesentliche Beeinflussung durch die Lehre des Avicebron, der bekanntlich mit dem jüdisch-maurischen Dichter und Philosophen Salomon ibn Gabirol identisch ist [1]), wird bei Thomas von Aquino sich ebenso wenig wie bei seinem Lehrer Albertus Magnus nachweisen lassen. Das Beispiel des Wilhelm von Auvergne, dem Avicebron als der berühmteste unter allen Philosophen gilt und der den Lehren dieses Mannes, die er allerdings mehr vom theologischen als vom philosophischen Gesichtspunkt aus beurtheilt, eine geradezu bewundernde Anerkennung zollt [2]), hat bei seinen unmittelbaren Nachfolgern auf dem Gebiete der christlichen Scholastik keine Nachahmung gefunden. Seitdem war die aristotelische Philosophie in noch höherem Maasse als bisher im Kreise der Scholastiker zur Geltung gekommen und hatte besonders in der Schule des Dominikanerordens sich fast zur Alleinherrschaft aufgeschwungen. Je mehr man aber durch eine eingehende Beschäftigung mit den Schriften des Aristoteles und seiner Kommentatoren mit dem Geist der aristotelischen Philosophie sich vertraut machte, desto schärfer musste der Widerspruch hervortreten, in dem die neuplatonischen Anschauungen des Avicebron zu den als maassgebend anerkannten Lehren des Aristoteles stehen. An Anhängern freilich scheint es der Lehre des Avicebron auch damals nicht gefehlt zu haben [3]). Um so dringender war das Bedürfniss, sich mit dieser Lehre auseinanderzusetzen und den Stand-

---

1) Ueber die Philosophie Gabirol's vgl. Munk Mélanges de Philosophie Juive et Arabe Paris 1859 und Guttmann Die Philosophie des Salomon ibn Gabirol Göttingen 1889.
2) Vgl. Guttmann Guillaume d'Auvergne in der Revue d'E. J. XVIII S. 251 f.; Guttmann Gabirol S. 54 f.
3) Vgl. Ch. Jourdain La philosophie de Saint Thomas I S. 277 und weiter S. 17 Anmerk. 2.

punkt der aristotelischen Philosophie ihr gegenüber vor jeder Anfechtung zu schützen. Dieser Aufgabe hat Thomas von Aquino sich mit besonderem Nachdruck in einer seiner kleineren Schriften unterzogen, die den Titel: De substantiis separatis seu de angelorum natura führt. Hier wie anderwärts beschränkt Thomas sich jedoch auf eine Wiedergabe und Prüfung der einen der beiden Grundlehren der Avicebron'schen Philosophie, nämlich der Lehre von der Zusammensetzung auch der geistigen Substanzen aus Materie und Form; einer Erörterung der Avicebronschen Lehre vom Willen, die wegen ihrer Verwandtschaft mit der christlichen Logoslehre auf Wilhelm von Auvergne einen so tiefen Eindruck gemacht hat[1]), sind wir dagegen in den Schriften des Thomas von Aquino nirgendwo begegnet. In der folgenden Darstellung legen wir die auf Avicebron bezüglichen Ausführungen in der Schrift: De substantiis separatis zu Grunde, indem wir die einschlägigen Stellen aus den anderen Schriften bei den einzelnen Punkten mitheranziehen.

Nachdem Thomas in den ersten vier Kapiteln der genannten Schrift sich mit den Lehren der griechischen Naturphilosophen, des Plato, des Aristoteles und des Avicenna über das Wesen der substantiae separatae oder der Engel beschäftigt hat[2]), geht er im fünften Kapitel zu einer Darstellung der Lehre des Avicebron über, der er dann im sechsten, siebenten und achten Kapitel eine eingehende Widerlegung dieser Lehre folgen lässt. Unter den späteren Philosophen, so leitet Thomas seine Darstellung ein, ist besonders Avicebron in seinem Buche Fons vitae zu einer ganz anderen Auffassung der getrennten Substanzen[3]) als alle seine Vorgänger gelangt. Er stellt nämlich, ebensosehr von der Ansicht des Plato wie von der des Aristoteles abweichend, die Behauptung auf, alle dem göttlichen Wesen folgenden Sub-

---

1) Vgl. Revue d'É. J. XVIII S. 252—258.
2) Vgl. Comment. in Sent. II dist. 3 qu. 1 artic. 1. Respondeo dicendum, quod circa hanc materiam tres sunt positiones. Quidam enim dicunt, quod in omni substantia creata est materia et quia omnium est materia una. Et hujus positionis auctor est Avicebron, qui fecit librum fontis vitae, quem multi sequuntur. Secunda positio est, quod materia non est in substantiis incorporeis, sed tantum est in omnibus corporibus etiam una, et haec est positio Avicennae. Tertia positio est, quod corpora coelestia et elementa non communicant in materia, et haec est positio Averrois et Rabbi Moysis (vgl. More I Cap. 58 Guide I S. 247; das. Cap. 72 Guide I S. 356—358; II Cap. 19 Guide II S. 150) et videtur magis dictis Aristotelis convenire.
3) Ueber den Ausdruck: (von der Materie) getrennte Substanzen oder Intelligenzen vgl. Munk Mélanges S. 449; Guide I S. 434; II S. 31 Anmerk. 2.

stanzen seien aus Materie und Form zusammengesetzt [1]). Zwei Grundirrthümer aber sind es, von denen er bei der Aufstellung dieser Lehre sich hat leiten lassen. Erstens hat er die nur begriffliche Zusammensetzung aus Genus und Differenz auf das reale Sein der Dinge selbst übertragen und ist so zu der Annahme gelangt, dass alle Dinge in Wirklichkeit aus der Materie als ihrem Genus und aus der Form als ihrer Differenz zusammengesetzt seien. Zweitens ging er von der irrthümlichen Voraussetzung aus, dass das potentielle Sein oder das Wesen des Substrats bei allen Dingen in gleicher Weise zu verstehen sei [2]). Auf diese beiden Annahmen gestützt, ist Avicebron an die Untersuchung herangetreten, indem er auf analytischem Wege (quadam resolutoria via) die Zusammensetzungen der Dinge bis hinauf zu den geistigen Substanzen verfolgte [3]). Zuerst be-

[1] {De substantiis separatis (Tom. XX) pag. 459. Eorum vero, qui post secuti sunt, aliqui ab eorum positionibus recedentes in deterius erraverunt. Primo namque Avicebron in libro fontis vitae alterius conditionis substantias separatas posuit esse. Existimavit enim omnes substantias sub Deo constitutas ex materia et forma compositas esse, quod tam ab opinione Platonis quam Aristotelis discordat.

[2] Ibidem. Avicebron dupliciter deceptus esse videtur. Primo quidem, quia existimavit, quod secundum intelligibilem compositionem, quae in rerum generibus invenitur, prout scilicet ex genere et differentia constituitur species, esset in rebus ipsis compositio realis intelligenda, ut scilicet uniuscujusque rei in genere existentis genus sit materia, differentia vero forma. Secundo quia existimavit, quod esse in potentia, vel esse substitutum, vel esse recipiens secundum unam rationem in omnibus diceretur. Auf den ersten Grundirrthum weist Thomas auch hin Comment. in Sent II dist. 17 qu. 1 artic. 1; Summ. theolog. I qu. 50 artic. 2: Respondeo dicendum, quod quidam ponunt angelos esse compositos ex materia et forma et hanc positionem astruere nititur Avicebron in libro fontis vitae. Supponit enim, quod quaecunque distinguuntur secundum intellectum, sint etiam in rebus distincta. In Betreff des zweiten Grundirrthums vgl. De spiritualibus creaturis artic. 1: Unde non oportet, quod omne, quod quocunque modo est in potentia, hoc habeat a pura potentia, quae est materia. Et in hoc videtur fuisse deceptus Avicebron in libro fontis vitae, dum credidit, quod omne illud, quod est in potentia vel subjectum, quodammodo hoc habeat ex prima materia. Summ. theolog. I qu. 50 artic. 2. Den Vorwurf, die Abstraktionen des Intellekts auf das reale Sein der Dinge übertragen zu haben, erhebt Thomas auch gegen Plato. So z. B. im Kommentar zur aristotelischen Metaphysik I lect. 10: Patet autem diligenter intuenti rationes Platonis, quod ex hoc in sua positione erravit, quia credidit, quod modus rei intellectae in suo esse sit sicut modus intelligendi rem ipsam. Et ideo quia invenit intellectum nostrum dupliciter abstracta intelligere, uno modo, sicut universalia intelligimus abstracta a singularibus, alio modo, sicut mathematica abstracta a sensibilibus, utrique abstractioni intellectus posuit respondere abstractionem in essentia rerum.

[3] Vgl. Guttmann Gabirol S. 76.

trachtete er die künstlichen Dinge und fand, dass sie zusammengesetzt seien aus einer künstlichen Form und aus einer Materie, die irgendein Naturding ist, wie z. B. das Eisen, das Holz und dgl., und ferner, dass diese Materie sich zu der künstlichen Form verhalte wie die Möglichkeit zur Wirklichkeit. Dann fand er, dass diese partikulären natürlichen Körper aus den Elementen zusammengesetzt seien, und so nahm er an, dass die vier Elemente sich zu den partikulären natürlichen Formen des Eisens und des Holzes verhielten wie die Materie zur Form und wie die Möglichkeit zur Wirklichkeit. Die Elemente aber haben wieder das miteinander gemein, dass jedes von ihnen ein Körper ist, und sie unterscheiden sich von einander durch ihre entgegengesetzten Qualitäten; dies führte ihn zu der Annahme, dass der Körper an sich als die Materie der Elemente zu betrachten sei, die er die universelle Materie nannte, und dass die Qualitäten der Elemente die Formen dieser Materie bildeten. Ferner sah er, dass die Himmelskörper mit den Elementen in dem Begriff der Körperlichkeit übereinkämen, sich von ihnen aber darin unterschieden, dass sie nicht, wie es bei den Elementen der Fall ist, die entgegengesetzten Qualitäten aufnehmen; so nahm er denn als vierte Materie die Materie der Himmelskörper an, die sich wiederum zur Form der Himmelskörper verhalte wie die Möglichkeit zur Wirklichkeit. Nachdem er so zur Annahme von vier Stufen der körperlichen Materie gelangt war [1]), sah er, weiter fortschreitend, dass jeder Körper eine Substanz bezeichne, der die Länge, Breite und Dicke zukomme, und so nahm er an, dass diese drei Dimensionen die Form des allgemeinen Körpers ausmachten und dass die Substanz, die das Substrat für die Quantität und die anderen Arten der Accidentien bildet, als die Materie des allgemeinen Körpers zu betrachten sei. Die Substanz, die die neun Kategorien trägt, ist, wie er sagt, die **erste geistige Materie** [2]). Ganz in derselben Weise, wie er früher in der universellen körperlichen Materie, die er den Körper genannt hat, etwas Oberes annahm, das die entgegengesetzten Qualitäten nicht aufnimmt, nämlich die Materie der Himmelskörper, und etwas Unteres, das die entgegengesetzten Qualitäten aufnimmt, nämlich die vier Elemente, so setzt er nun auch in dieser Substanz etwas Oberes, was die Quantität nicht aufnimmt, und das soll bereits eine der getrennten Substanzen sein, und etwas Unteres, was die Quantität aufnimmt und die körperliche Materie der Körper bilden soll [3]). Die getrennten oder geistigen

---

1) Vgl. Guttmann Gabirol S. 76—78.
2) Vgl. Guttmann Gabirol S. 79 f.
3) Den umgekehrten, synthetischen Weg beschreibt Thomas

Substanzen aber lässt Avicebron wieder aus Materie und Form zusammengesetzt sein, was er durch mehrere Beweise zu erhärten sucht. I. Wenn die geistigen Substanzen nicht aus Materie und Form zusammengesetzt wären, so könnte es keinerlei Verschiedenheit zwischen ihnen geben. Sie müssten nämlich entweder Materie allein oder Form allein sein. Wären sie Materie allein, so könnte es nicht viele geistige Substanzen geben, weil die Materie an sich eine und dieselbe ist und nur durch die Formen differenzirt wird. Ebensowenig liesse eine Verschiedenheit der geistigen Substanzen sich erklären, wenn sie nur Form

---

De spiritualibus creaturis artic. 1: Sic igitur per hoc excluditur positio Avicebron in libro Fontis vitae, quod materia prima, quae omnino sine forma consideratur, primo recipit formam substantiae. Qua quidem suscepta in aliqua sui parte super formam substantiae recipit aliam formam, per quam fit corpus, et sic deinceps usque ad ultimam speciem, et in illa parte, in qua non recipit formam corpoream, est substantia incorporea, cujus materiam non subjectam quantitati aliqui nominant materiam spiritualem. Ipsam autem materiam jam perfectam per formam substantiae, quae est subjectum quantitatis et aliorum accidentium dicit esse clavem ad intelligendum substantias incorporeas (vgl. Guttmann Gabirol S. 88 Anmerk. 2). Gegen diese Ansicht des Avicebron über die Aufeinanderfolge der verschiedenen substantiellen Formen wendet sich Thomas in seinen Kommentaren zu den aristotelischen Schriften De generatione et corruptione (I lect. 10) und De anima (II lect. 1). An der letzteren Stelle heisst es: Per quod tollitur positio Avicebron in libro Fontis vitae, qui posuit, quod secundum ordinem generum et specierum est ordo plurium formarum substantialium in una et eadem re, utputa quod in hoc individuo hominis est una forma, per quam est substantia, et alia, per quam est corpus, et tertia, per quam est animatum corpus et sic de aliis. Oportet enim secundum praemissa dicere, quod una et eadem forma substantialis sit, per quam hoc individuum est hoc aliquid sive substantia, et per quam est corpus et animatum corpus et sic de aliis. Forma enim perfectior dat materiae hoc, quod dat minus perfecta et adhuc amplius. Ebenso Quodlibet XI artic. 5: Respondeo dicendum, quod circa ordinem formarum est duplex opinio. Una est Avicebron et quorundam sequentium ejus, qui dicunt, quod secundum ordinem generum et specierum sunt diversae formae substantiales sibi invicem adinvenientes, sicut est substantia, est corpus, est animatum et est animal. Dicunt ergo, quod quaedam forma substantialis est, per quam est substantia tantum, et postea est quaedam alia, per quam est corpus, deinde est alia, per quam est animatum, et alia, per quam est animal, et alia, per quam est homo, et sic dicunt de aliis formis substantialibus rerum. Sed haec positio stare non potest, quia cum forma substantialis sit, quae facit hoc aliquid et dat esse substantiale rei, tunc sola prima forma esset substantialis, cum ipsa sola daret esse substantiale rei et faceret hoc aliquid, omnes autem post primam essent accidentaliter advenientes nec darent esse rei simpliciter, sed esse tale, et sic in amissione vel acquisitione ipsarum non esset generatio sed tantum alteratio, unde patet hoc non esse verum.

allein wären. Wollte man selbst ihre Verschiedenheit nur auf ihre Vollkommenheit und Unvollkommenheit beziehen, so müsste noch immer die geistige Substanz das Substrat der Vollkommenheit und Unvollkommenheit bilden; Substratsein aber gehört zum Begriff der Materie. Mithin kann es entweder überhaupt nicht mehrere geistige Substanzen geben, oder diese müssen aus Materie und Form zusammengesetzt sein [1]). II. Der Begriff der Geistigkeit ist von dem der Körperlichkeit verschieden. Die körperliche Substanz und die geistige Substanz haben also Etwas, worin sie sich von einander unterscheiden; sie haben aber auch, da sie beide Substanzen sind, Etwas, worin sie miteinander übereinstimmen. Wie in der körperlichen Substanz die Substanz gleichsam die Materie ist, die die Körperlichkeit trägt, so muss daher auch in der geistigen Substanz die Substanz gleichsam die Materie sein, die die Geistigkeit trägt. Die geistigen Substanzen sind demgemäss höher oder niedriger, je nachdem die Materie an der Form der Geistigkeit mehr oder minder Theil hat, wie die Luft, je feiner sie ist, desto mehr an der Helligkeit Theil hat [2]). III. Das Sein findet sich in gleicher Weise in den geistigen wie in den körperlichen, in den oberen wie in den unteren Substanzen. Was auf das Sein in den körperlichen Substanzen zutrifft, muss daher auch auf das Sein in den geistigen Substanzen zutreffen. In den körperlichen Substanzen aber sind drei Stufen vorhanden: der dichte Körper oder der Körper der Elemente, der feine Körper oder der Körper der Himmelskörper und dann die Materie und die Form des Körpers [3]). Demnach muss es auch unter den geistigen Substanzen eine untere Substanz geben, nämlich diejenige, die sich mit den Körpern verbindet, eine obere, die mit den Körpern nicht verbunden ist, und dann die Materie und die Form, aus

---

1) Vgl. Guttmann Gabirol S. 171.
2) Vgl. Guttmann Gabirol S. 171—172. Ebenso Summ. theolog. I qu. 50 artic. 2: In substantia autem incorporea intellectus apprehendit aliquid, per quod distinguitur a substantia corporea, et aliquid, per quod cum ea convenit. Unde ex hoc vult concludere, quod illud, per quod differt substantia incorporea a corporea, sit ei quasi forma, et illud, quod subjicitur huic formae distinguenti quasi commune, sit materia ejus. Et propter hoc ponit, quod eadem est materia universalis spiritualium et corporalium, ut intelligatur, quod forma incorporeae substantiae est impressa in materia spiritualium, sicut forma quantitatis est impressa in materia corporalium.
3) De substant. separat. Ibidem. Sed in substantiis corporalibus invenitur triplex ordo; scilicet corpus spissum, quod est corpus elementorum, et corpus subtile, quod est corpus coeleste, et iterum materia et forma corporis. Vgl. Guttmann Gabirol S. 172 Anmerk. 2.

denen sich die geistige Substanz zusammensetzt [1]). IV. Jede geschaffene Substanz muss vom Schöpfer verschieden sein. Der Schöpfer aber ist nur Einer; mithin kann die geschaffene Substanz nicht Eines allein, sondern sie muss aus Zweien zusammengesetzt sein, von denen das eine die Materie und das andere die Form ist, da weder aus zwei Materien noch aus zwei Formen Etwas entstehen kann [2]). V. Jede geschaffene geistige Substanz ist endlich. Endlich aber ist ein Ding nur durch seine Form, da ein Ding, das keine Form hat, durch die es eins wird, unendlich ist; mithin ist jede geschaffene geistige Substanz aus Materie und Form zusammengesetzt [3]).

Damit hat Thomas die Lehre von der Zusammensetzung der geistigen Substanzen aus Materie und Form in ihren Hauptmomenten, und zwar in einer ebenso verständnissvollen wie durch ihre wissenschaftliche Objektivität sich auszeichnenden Weise zur Darstellung gebracht. Er schreitet nunmehr zur Widerlegung dieser Lehre, indem er zunächst eine Reihe von Einwänden gegen sie erhebt. 1. Avicebron behauptet, auf dem Wege der analytischen Untersuchung von den unteren zu den oberen Dingen aufsteigend, zu materiellen Principien gelangt zu sein. Das widerstreitet jedoch durchaus der menschlichen Vernunft. Die Materie verhält sich zur Form wie die Möglichkeit zur Wirklichkeit. Die Möglichkeit aber ist weniger seiend als die Wirklichkeit, denn sie ist seiend nur in Beziehung zur Wirklichkeit, während das Sein schlechthin nicht den möglichen, sondern nur den wirklichen Dingen zukommt. Je tiefer wir also zu den materiellen Principien herniedersteigen, desto weniger wird in ihnen von dem Begriff des Seins angetroffen werden. Die obersten Dinge aber müssen, weil sie in jeder Gattung die Principien der anderen Dinge bilden, am Meisten seiend sein, weshalb auch Plato, auf analytischem Wege den obersten Dingen nachforschend, nicht zu materiellen, sondern zu formalen Principien gelangt ist. Ferner ist Avicebron gewissermassen wieder zu der Ansicht der alten Naturphilosophen zurückgekehrt, welche die Gesammtheit der Dinge als ein Ding betrachteten und als die Substanz aller Dinge die Materie allein setzten, die sie jedoch nicht, wie Plato und Aristoteles, für etwas nur Potentielles, sondern für etwas in Wirklichkeit Existirendes hielten. Er unterscheidet sich von den alten Naturphilosophen nur darin, dass diese, weil sie eine Existenz nur den Körpern beilegten, als die allen Dingen gemeinsame Substanz und Materie einen

---

1) Vgl. Guttmann Gabirol S. 172.
2) Vgl. Guttmann Gabirol S. 176.
3) Vgl. Guttmann Gabirol S. 176, 4.

Körper annahmen, z. B. das Feuer, die Luft oder etwas Mittleres zwischen diesen beiden, während er, weil er glaubte, dass die Materie nicht nur in den Körpern angetroffen werde, annahm, dass jenes Ding, das er als die allen Dingen gemeinsame, erste Substanz und Materie setzte, eine nichtkörperliche Substanz sei [1]). 2. Nach Avicebron stellt die Materie das Genus der im Genus miteinander übereinstimmenden Dinge dar, während er die Unterschiede, die die Arten konstituiren, auf die Formen zurückführen will. Alle körperlichen Dinge haben eine gemeinsame Materie, nämlich den Körper, und ebenso haben alle Substanzen, die geistigen wie die körperlichen, eine gemeinsame Materie, nämlich die Substanz selbst. Demnach verhält sich das Genus zu den Differenzen, wie das Subjekt zu seinen Eigenschaften. Verhält sich also die allen Dingen gemeinsame Substanz zu der körperlichen und der geistigen Substanz wie deren Materie oder Subjekt, so müssen die Körperlichkeit und die Geistigkeit in der Weise accidentieller Eigenschaften zu der Substanz hinzutreten. Und in der That sind nach der Lehre des Avicebron alle Formen, an sich betrachtet, als Accidentien anzusehen; der Charakter der Substantialität kommt ihnen nur zu im Verhältniss zu den Dingen, in deren Definition sie fallen, wie z. B. die Weisse zum Begriff des weissen Menschen gehört [2]). Das ist aber eine Annahme, die zu den bedenklichsten Konsequenzen führt. Sie widerstreitet den Principien der Logik, da sie den wahren Begriff der Gattung, der Art und der substantiellen Differenz aufhebt und Alles in eine accidentielle Aussage umwandelt. Sie steht mit den Grundlagen der Naturphilosophie im Widerspruch, indem sie gleich jenen alten Philosophen, die ein einziges Princip annahmen, ein wirkliches Entstehen und Vergehen der Dinge ausschliesst. Ein Ding entsteht nämlich nur dann, wenn es aus einem schlechthin Nichtseienden

---

1) De substant. separat. cap. 6. Secundo, quia, quantum ex his dictis patet, in antiquorum quodammodo naturalium opinionem rediit, qui posuerunt, quod omnia essent unum ens, dum ponebant substantiam omnium rerum non esse aliud quam materiam, quam non ponebant esse aliquid in potentia tantum, sicut Plato et Aristoteles, sed esse aliquid ens actu, nisi quod antiqui naturales nihil aliud praeter corpora esse existimantes hanc materiam communem et substantiam omnium aliquid corpus esse dicebant, puta aut ignem, aut aërem, aut aliquid medium, sed iste non solum in corporibus materiam rerum existimans comprehendi, illud unum, quod posuit esse primam materiam communem et substantiam omnium, dixit esse substantiam non corpoream.

2) Inwiefern die Form als Substanz oder als Accidens anzusehen sei, das wird von Gabirol im dritten Traktat des Fons vitae in eingehender Weise erörtert. Vgl. Guttmann Gabirol S. 147.

ein Seiendes wird; was aber schon früher war, das wird nicht erst. Von einem solchen Dinge kann demnach nicht mehr das Entstehen schlechthin, sondern nur das Entstehen in gewisser Beziehung ausgesagt werden. Endlich steht diese Annahme auch mit den Principien der ersten Philosophie oder der Metaphysik im Widerspruch, indem sie die Wahrheit der einzelnen Dinge und demgemäss das wahre Sein und die Verschiedenheit der Dinge aufhebt [1]). Kommt nämlich zu etwas Wirklichexistirendem eine andere Wirklichkeit hinzu, so ist das Ganze eine Einheit nicht an sich, sondern durch ein Accidens, und zwar dadurch, dass beide Wirklichkeiten, an sich verschieden, ein gemeinsames Subjekt haben. Was aber nur durch die Einheit des Subjekts Eines ist, ist Eines durch ein Accidens, wie z. B. das Weisssein und das Musischsein nur Eines sind durch das Subjekt, in dem sie zusammentreffen. Wenn also die Verschiedenheit der Dinge nach Avicebron nur dadurch entsteht, dass zu der Materie als dem allen Dingen gemeinsamen Genus die Formen als deren Differenzen hinzutreten, so wird damit sowohl die Einheit des Wesens der Dinge, das will sagen, ihre Individualität, als auch ihre Verschiedenheit von einander aufgehoben. 3. Nach den von Avicebron aufgestellten Grundsätzen würde man drittens beim Aufsuchen der materiellen Ursachen eine unendliche Reihe zurückzulegen haben und daher niemals zu einer ersten Materie gelangen können. In allen Dingen, die in einer Beziehung miteinander übereinstimmen und in anderer Beziehung von einander verschieden sind, soll nämlich die Materie dasjenige sein, worin sie miteinander übereinstimmen, die Form aber dasjenige, worin sie von einander verschieden sind. Die allen Dingen gemeinsame Materie würde aber die verschiedenen Formen nur in der Weise aufnehmen können, dass sie die edlere Form in einer feineren und höheren Materie, die weniger edle Form in einer gröberen und niedrigeren Materie aufnimmt, d. h. die Form der Geistigkeit in einer höheren, die Form der Körperlichkeit hingegen in einer niedrigeren Materie. Danach müsste aber der Unterschied der Feinheit und der Grobheit in der Materie schon vor dem Hinzutritt der Form der Geistigkeit und der Körperlichkeit vorhanden sein und vor dem Unterschied der Feinheit und der Grobheit wieder ein

---

[1]) Tollit demum, ut finaliter concludam, praedicta positio etiam philosophiae primae principia, auferens veritatem a singulis rebus et per consequens veram entitatem simul et rerum diversitatem. Hier wie in den vorangegangenen Einwänden sind es offenbar die Konsequenzen des Pantheismus überhaupt, die Thomas gegen die Lehre des Avicebron geltend macht.

anderer Unterschied, der es bewirkt, dass die eine Materie diese und die andere Materie jene aufnimmt, und so in's Unendliche fort. Wäre man nämlich erst einmal zu einer durchaus gleichartigen Materie gelangt, so könnte diese in ihrem ganzen Umfange gleichmässig nur eine Form aufnehmen, und ebenso könnte die dieser Form als Substrat dienende Materie wieder nur eine Form aufnehmen, so dass eine Verschiedenheit der Dinge, so tief man auch herniederstiege, nirgendwo würde angetroffen werden [1]). 4. Bei den alten Naturphilosophen schloss die Annahme einer ersten gemeinsamen Materie eine Verschiedenheit der Dinge nicht aus, weil diese Materie, als körperlich gedacht, der Theilung in Bezug auf die Quantität zugänglich war, so dass die Verschiedenheit der Dinge sich erklären liess, indem man den verschiedenen Theilen der Materie verschiedene Formen zuwies. Ist aber die erste Materie wie bei Avicebron, weil als unkörperlich gedacht, der Quantität nicht zugänglich, so könnte eine Theilung nur stattfinden entweder in Bezug auf die Form oder in Bezug auf die Materie selbst. Die Aufnahme verschiedener Formen durch die universelle, unkörperliche Materie würde aber eine Theilung in dieser Materie selbst voraussetzen; es würde demnach die Theilung nicht erst durch die Formen herbeigeführt werden und wir hätten also nicht mehr ein e Materie für alle Dinge, sondern viele in sich selbst verschiedene Materien [2]).

Der Annahme, dass die intelligibelen Substanzen aus Materie und Form zusammengesetzt seien, widerspricht aber auch, wie Thomas an anderen Orten ausführt, die Wirkungsweise dieser Substanzen. Die Wirkung eines jeden Dinges ist nämlich

---

1) An dem Versuch, diese Schwierigkeit zu lösen, hat es Gabirol nicht fehlen lassen. Die Materie wie die Form werden nach ihm desto gröber, je weiter sie sich von ihrem ersten Ursprung entfernen, bis die Materie zuletzt, über die Substanz der Kategorieen hinausschreitend, aus dem Bereich der Geistigkeit in den der Körperlichkeit tritt. Vgl. Guttmann Gabirol S. 30. 93 f. 195. 213. 232.

2) De substantiis separatis Cap. 6. Vgl. Contra Gentil. II Cap. 50; Summ. theolog. I qu. 50 artic. 2: Sed primo aspectu apparet esse impossibile unam esse materiam spiritualium et corporalium. Non enim est possibile, quod forma spiritualis et corporalis recipiatur in una parte materiae, quia sic una et eadem res numero esset corporalis et spiritualis. Unde relinquitur, quod alia pars materiae sit, quae recipit formam corporalem, et alia, quae recipit formam spiritualem. Materiam autem dividi in partes non convenit, nisi secundum quod intelligitur sub quantitate, qua remota remanet substantia indivisibilis, ut dicitur in 1 Physicorum. Sic igitur relinquitur, quod materia spiritualium est substantia subjecta quantitati, quod est impossibile. Impossibile est ergo, quod una sit materia corporalium et spiritualium.

von der Beschaffenheit seiner Substanz bedingt. Das Erkennen aber ist eine durchaus immaterielle Wirkung, denn die Erkenntniss eines Dinges vollzieht sich in der Weise, dass in dem Erkenntnissprocess das Ding von der Materie losgelöst wird, da die in der Materie existirenden Formen als individuelle Formen von dem Intellekt gar nicht erfasst werden. Wie die Wirkungsweise dieser Substanzen müssen daher auch diese selbst immateriell sein [1]).

Auf die gegen die Lehre des Avicebron erhobenen Einwände folgt in der Schrift De substantiis separatis eine Beweisführung, in der Thomas zeigen will, dass der geistigen und der körperlichen Substanz nicht eine und dieselbe Materie zu Grunde liegen könne, wobei jedoch im Wesentlichen nur die bereits früher ausgeführten Argumente wiederholt werden. Sodann geht Thomas auf die oben wiedergegebenen Beweise des Avicebron für die Zusammensetzung der geistigen Substanzen aus Materie und Form ein und sucht deren Unhaltbarkeit im Einzelnen darzuthun. I. Der erste Beweis ging dahin, dass es innerhalb der geistigen Substanzen, wenn sie nicht aus Materie und Form zusammengesetzt wären, keinerlei Verschiedenheit geben könnte, da eine Verschiedenheit weder in den Dingen vorhanden sei, die nur Materie, noch in den Dingen, die nur Form sind [2]). Das

---

1) Summ. theolog. I qu. 50 artic. 2. Sed adhuc ulterius impossibile est, quod substantia intellectualis habeat qualemcunque materiam. Operatio enim cujuslibet rei est secundum modum substantiae ejus. Intelligere autem est operatio penitus immaterialis, quod ex ejus objecto apparet, a quo actus quilibet recipit speciem et rationem. Sic enim unumquodque intelligitur, inquantum a materia abstrahitur, quia formae in materia sunt individuales formae, quas intellectus non apprehendit secundum quod hujusmodi. Unde relinquitur, quod substantia intellectus est omnino immaterialis. De ente et essentia (Tom. V pag. 604) Cap. 5. Nunc restat videre, secundum quem modum sit in substantiis separatis, scilicet in anima, intelligentiis et causa prima. Quamvis autem causae primae simplicitatem omnes philosophi concedant, tamen compositionem materiae et formae in intelligentiis et animabus quidam nituntur ponere, cujus positionis fuisse dicitur Avicebron auctor libri Fontis vitae. Hoc autem dictis philosophorum reperitur esse contrarium, quia eas substantias a materia separatas nominant et absque omni materia esse probant, cujus demonstratio potissima est ex virtute intelligendi, quae in eis est. Videmus enim formas non esse intelligibiles in actu, nisi secundum quod separantur a materia et a conditionibus ejus, nec efficiuntur intelligibiles in actu nisi per virtutem substantiae intelligentis, secundum quod recipiuntur in ea et secundum quod aguntur per eam. Unde oportet, quod in qualibet substantia intelligente sit omnimoda immunitas a materia ita, quod nec habeat materiam partem sui neque etiam sit sicut forma impressa materiae, ut est de formis materialibus. Vgl. auch Contra Gentil. II Cap. 50.

2) Vgl. oben S. 20—21.

ist jedoch nicht richtig. Es kann vielmehr eine Verschiedenheit auch in den Dingen geben, die nur Materie sind, denn da das Sein der Materie ein Sein der Möglichkeit nach ist, so können die Materien durch die Verschiedenheit der ihnen zukommenden Möglichkeit verschieden sein. Die Materie der Himmelskörper z. B. ist von der Materie der Elemente dadurch verschieden, dass der Materie der Himmelskörper die Möglichkeit zu einer vollkommenen Wirklichkeit, d. i. zu einer die ganze Möglichkeit der Materie ausfüllenden Form innewohnt, so dass in ihr die Möglichkeit zu einer anderen Form nicht mehr übrig bleibt, während die Materie der Elemente die Möglichkeit zu einer nur unvollkommenen Form ist, die nicht die ganze Möglichkeit der Materie begrenzt [1]). Ueber diesen Materien aber giebt es noch eine geistige Natur oder die geistige Substanz, die die Form in ihrem ganzen Umfange in sich aufnimmt, während die unteren Materien die Form nur in partikulärer Weise aufnehmen. Ebenso kann es eine Verschiedenheit auch in den Dingen geben, die nur Form sind, denn da die aus Materie und Form zusammengesetzten Dinge durch die Form verschieden sind, so müssen die Formen auch in ihrem Wesen voneinander verschieden sein. Nicht minder unzutreffend ist die Annahme, dass auch die Verschiedenheit in Betreff der Vollkommenheit und Unvollkommenheit eine Materie als Substrat der Vollkommenheit und Unvollkommenheit voraussetze. Erstlich sind nicht alle Vollkommenheiten und Unvollkommenheiten als zu dem Dinge hinzukommende Formen oder Accidentien zu betrachten, die eines Substrats bedürfen; es giebt vielmehr auch eine Vollkommenheit, die die Art des Dinges selbst bezeichnet, wie z. B. die Verschiedenheit der Zahlen in ihrer Art begründet ist. So

---

[1]) Ueber Avicebron's Stellung zu der Lehre von der Materie der Himmels- und der Elementarkörper bemerkt Thomas Summ. theolog. I qu. 66 artic. 2: Sed non obstante hac differentia corruptibilitatis et incorruptibilitatis naturalis Avicebron posuit unam materiam omnium corporum, attendens ad unitatem formae corporalis. Sed si forma corporeitatis esset una forma per se, cui supervenirent aliae formae, quibus corpora distinguuntur, haberet necessitatem, quod dicitur, quia illa forma immutabiliter materiae inhaeret et quantum ad illam esset omne corpus incorruptibile, sed corruptio accideret per remotionem sequentium formarum, quae non esset corruptio simpliciter, sed secundum quid, quia privationi substerneretur aliquid ens actu, sicut etiam accidebat antiquis naturalibus, qui ponebant substantiam corporum aliquod ens actu, puta ignem aut aërem aut aliquid hujusmodi (vgl. oben S. 22). Supposito autem, quod nulla forma, quae sit in corpore corruptibili, remaneat ut substantia generationi et corruptioni, sequitur de necessitate, quod non sit eadem materia corporum corruptibilium et incorruptibilium etc.

ist auch von den Formen der materiellen wie der nicht materiellen Dinge die eine vollkommener als die andere durch ihre eigene Natur, weil sie nämlich auf dieser Stufe der Vollkommenheit steht. Zweitens ist es nicht richtig, dass das Substratsein nur der Materie zukomme; es kommt vielmehr im Allgemeinen jeder Möglichkeit zu. Was sich zu einem Anderen verhält wie die Möglichkeit zur Wirklichkeit, das bildet das Substrat dieses Dinges; demnach kann auch die geistige Substanz, ohne eine Materie in sich zu schliessen, insofern sie in irgendeiner Beziehung ein potentielles Sein hat, das Substrat für die intelligibelen Substanzen bilden. II. In derselben Weise lässt sich auch der zweite Beweis widerlegen. Wenn wir nämlich eine Substanz als körperlich oder als geistig bezeichnen, so ist damit durchaus nicht gemeint, dass die Körperlichkeit oder die Geistigkeit sich zur Substanz verhalten wie die Formen zur Materie oder wie die Accidentien zu ihrem Substrat [1]), sondern dass sie sich zur Substanz verhalten wie die Differenzen zur Gattung. Die geistige Substanz ist also geistig nicht dadurch, dass zu ihrer Substanz Etwas hinzukommt, sondern durch ihre eigene Substanz, und ebenso ist die körperliche Substanz körperlich nicht durch Etwas, was zu ihrer Substanz hinzukommt, sondern durch ihre eigene Substanz. Es bedarf demnach bei der geistigen Substanz keiner Materie, die der Geistigkeit als Substrat dienen müsste. III. Auch der dritte Beweis ist nicht stichhaltig. Da nämlich das Sein nicht von allen Dingen in gleichem Sinne ausgesagt wird, so darf auch nicht allen Dingen, denen das Sein zuerkannt wird, dieselbe Weise des Seins zugeschrieben werden [2]); es nehmen vielmehr manche Dinge in vollkommenerer und andere in minder vollkommener Weise an dem Sein Theil. Legt man z. B. das Sein den Accidentien bei, so heisst das nicht, dass sie das Sein in sich selber hätten, sondern es kommt das Sein ihnen nur insofern zu, als sie an der Substanz haften. Ebenso kommt auch nicht allen Substanzen dieselbe Weise des Seins zu. Diejenigen Substanzen, die das Sein in der vollkommensten Weise besitzen, haben in ihrem Wesen Nichts, was nur der Möglichkeit nach seiend wäre, und sie werden deshalb immaterielle Substanzen genannt. Unter ihnen stehen andere Substanzen, die eine Materie in sich haben, die zwar ihrem Wesen nach ein Sein nur der Möglichkeit nach besitzt, deren ganze Potentialität aber durch die Form ausgefüllt wird, so dass in ihnen die Möglichkeit zu einer anderen Form nicht übrig bleibt, weshalb diese Substanzen, — es sind damit die

---

1) Vgl. oben S. 21.
2) Vgl. oben S. 21—22.

Himmelskörper gemeint — auch unvergänglich sind. Dann folgen als dritte Stufe die Substanzen der dem Entstehen und Vergehen unterliegenden Körper, die sich wieder in verschiedene Arten sondern, von denen einer jeden eine andere, mehr oder minder vollkommene Weise des Seins zukommt. Demnach ist in den oberen Substanzen, die von der Potentialität der Materie durchaus frei sind, zwar der Unterschied grösserer oder geringerer Feinheit, dem Unterschied in der Vollkommenheit ihrer Formen entsprechend, nicht aber eine Zusammensetzung von Materie und Form anzutreffen. IV. Was den vierten Beweis betrifft, so lässt sich gegen ihn einwenden, dass in den geistigen Substanzen, auch wenn sie frei von der Materie sind, dennoch eine Verschiedenheit vom ersten Schöpfer vorhanden sein könne [1]. Wird auch die Potentialität der Materie von ihnen ausgeschlossen, so haftet ihnen doch eine Potentialität insofern an, als sie nicht das Sein selbst sind, sondern nur Antheil an dem Sein haben. Das durch sich selbst existirende Sein kann nur eines sein; alles andere Seiende ist nicht das Sein selbst, sondern es hat das Sein. In jedem Dinge ausser in dem ersten, das das Sein an sich ist, stellt demnach die Substanz des Dinges, die das Sein hat, gleichsam die Möglichkeit des Dinges dar, die die Wirklichkeit des Seins in sich aufnimmt. V. Die Widerlegung des fünften Beweises [2] ergiebt sich aus dem Vorhergehenden. Da nämlich die geistige Substanz an dem Sein nicht Theil hat gemäss der Unendlichkeit des Umfangs des Seins, wie es im ersten Princip vorhanden ist, sondern nach dem Maasse ihres eigenen Wesens, so ergiebt sich daraus, dass das Sein in ihr nicht unendlich, sondern endlich ist [3].

1) Vgl. oben S. 22.
2) Vgl. oben S. 22.
3) Einen anderen Beweis für die Zusammensetzung der intelligibelen Substanzen widerlegt Thomas in den Quaest. disput. De anima artic. 6: Respondeo dicendum, quod circa hanc quaestionem diversimodo aliqui opinantur. Quidam dicunt, quod anima et omnino omnis substantia praeter Deum est composita ex materia et forma. Cujus quidem positionis primus auctor invenitur Avicebron auctor libri Fontis vitae. Hujus autem ratio est, quae etiam in objiciendo est tacta, quod oportet, in quocunque inveniuntur proprietates materiae inveniri materiam. Unde cum in anima inveniuntur proprietates materiae, quae sunt recipere, subjici, esse in potentia et alia hujusmodi, arbitratur esse necessarium, quod in anima sit materia. Sed haec ratio frivola est et positio impossibilis, debilitas autem hujus rationis apparet in hoc, quod recipere et subjici et alia hujusmodi non secundum eandem rationem conveniunt animae et materiae primae. Nam materia prima recipit aliquid cum transmutatione et motu, et quia omnis transmutatio et motus reducitur ad motum localem sicut ad primum et communiorem, sicut probatur in 8 Physicorum,

So war der Grundgedanke der Avicebron'schen Philosophie, die Lehre von der Zusammensetzung der geistigen Substanzen aus Materie und Form, von Thomas von Aquino in allen seinen Konsequenzen auf das Entschiedenste abgelehnt worden. Damit aber war das Schicksal dieser Lehre für die Schulen des Dominikanerordens endgiltig entschieden. Aus der Theologie der Dominikaner verdrängt, hat die Philosophie des Avicebron, zuerst durch Wilhelm von Lamarre und mit besonderem Nachdruck durch Johannes Duns Scotus eingeführt, bei den mit den Dominikanern rivalisirenden Theologen des Franziskanerordens dafür eine umso günstigere Aufnahme gefunden. Die Gestaltung der Engellehre, die einen der wesentlichsten Differenzpunkte zwischen den Thomisten und den Scotisten bildet, ist in jeder dieser beiden Schulen von der Stellung bedingt, die sie zu der Lehre des Gabirol eingenommen hat [1]). Treten uns die Spuren der Gabirol'schen Philosophie in der Theologie des Franziskanerordens entgegen, so hat ein anderer jüdischer Philosoph, Moses ben Maimon, durch den Einfluss, den er, wie die folgende Untersuchung zeigen soll, auf Thomas von Aquino ausgeübt hat, in vielleicht noch höherem Maasse auf die Theologie des Dominikanerordens eingewirkt. So hat das Geistesleben des Mittelalters, das sich damals in diesen beiden Orden konzentrirte, von der Litteratur des Judenthums eine Förderung erfahren, die in einem merkwürdigen Gegensatz zu der Abneigung und Geringschätzung steht, mit der auch die Träger dieses Geisteslebens den Angehörigen des jüdischen Stammes begegneten.

---

relinquitur, quod materia in illis tantum invenitur, in quibus est potentia ad ubi; hujusmodi autem sunt solum corporalia, quae loco circumscribuntur, unde materia non invenitur nisi in rebus corporalibus, secundum quod philosophi de materia sunt locuti, nisi aliquis materiam sumere velit aequivoce. Anima autem non recipit cum motu et transmutatione, immo per separationem a motu et a rebus mobilibus, secundum quod dicitur in 7 Physicorum, quod in quiescendo fit anima sciens et prudens, unde etiam philosophus dicit in 3 de anima, quod intelligere dicitur pati alio modo, quam sit in rebus corporalibus passio. Si quis ergo concludere velit animam esse ex materia compositam per hoc, quod recipit vel patitur, manifeste ex aequivocatione decipitur. Sic ergo manifestum est rationem praedictam esse frivolam.
1) Vgl. Guttmann Gabirol S. 60—64; Hauréau De la philosophie scolastique (Paris 1850) I S. 375, II S. 231 f., 327; Ch. Jourdain La philosophie de Saint Thomas I S. 282—283, II S. 62 f. u. a. O.

III. Das Verhältniss des Thomas von Aquino zur Religionsphilosophie des Maimonides.

Der Einfluss, den der „Führer der Verirrten", das religionsphilosophische Hauptwerk des Maimonides, auf Thomas von Aquino ausgeübt hat, kann in der That nicht hoch genug angeschlagen werden. Die Abhängigkeit von Maimonides beschränkt sich bei Thomas nicht etwa auf die Aneignung einzelner Gedanken, sondern sie tritt uns in gewissem Sinne in der Gestaltung seines ganzen theologischen Systems entgegen. Thomas steht, was seine philosophischen Grundanschauungen betrifft, auf dem Boden der aristotelischen Philosophie. Was für die Patristik und zum Theil noch für die Scholastik der vorangegangenen Jahrhunderte die Philosophie des Platon gewesen war, das ist für die Scholastik des dreizehnten Jahrhunderts die Philosophie des Aristoteles geworden. Und doch zeigt sich uns bei näherer Betrachtung ein wesentlicher Unterschied zwischen der Stellung, die die christliche Theologie in ihrer früheren Entwickelung zu der Philosophie des Platon einnahm, und derjenigen, in der sich die Theologen des dreizehnten Jahrhunderts gegenüber der aristotelischen Philosophie befanden. Die in ihren geschichtlichen Ursprüngen begründete Geistesverwandtschaft hat die christliche Dogmatik der früheren Zeit eine so innige Verbindung mit der platonischen Philosophie eingehen lassen, wie sie zwischen ihr und der aristotelischen Philosophie niemals stattfinden konnte. Dem früheren Mittelalter war Platon fast zu einem christlichen Philosophen geworden. Die Gedanken Platon's waren zum Theil in den Lehrgehalt des Christenthums aufgegangen; die christliche Dogmatik selber hatte den Stempel des Platonismus angenommen. Eine Vereinigung in diesem Sinne war für die christliche Dogmatik durch den Charakter der aristotelischen Philosophie so gut wie ausgeschlossen. Jemehr daher der Aristotelismus innerhalb der christlichen Scholastik an Boden gewann, desto peinlicher musste der Widerspruch empfunden werden, der zwischen den Lehren der aristotelischen Philosophie und den unzweideutigen Lehren der Bibel sich bemerkbar machte. Da ist es denn der „Führer" des Maimonides, der, mit überraschender Schnelligkeit im lateinischen Abendlande sich verbreitend [1]), den Theologen des dreizehnten Jahrhunderts den Weg zeigt, wie man den Lehren des Aristoteles seine Zustimmung ertheilen könne, ohne doch mit den Lehren der Schrift in Widerspruch zu gerathen. Maimonides ist freilich nicht der erste jüdische Religionsphilosoph, der den Versuch unter-

---

[1]) Das um das Jahr 1190 vollendete Werk des Maimonides ist noch bei Lebzeiten des im Jahre 1204 gestorbenen Verfassers in zwei hebräischen Uebersetzungen, von denen die eine den auch als Dichter wohlbekannten Salomon ben Jehuda Alcharisi, die andere den der berühmten Uebersetzerfamilie der Tibboniden angehörenden Samuel ibn Tibbon zu ihrem Urheber hat, verbreitet worden. Eine lateinische Uebersetzung muss schon in den ersten Jahrzehnten des XIII. Jahrhunderts entstanden und im lateinischen Abendlande bekannt geworden sein. Moses ben Salomon aus Salerno, von dem wir noch einen handschriftlichen Kommentar zum „Führer" besitzen, hat nach seiner eigenen Angabe das maimonidische Werk zusammen mit Nicolo Paglia di Giovenazzo, der noch von Dominikus selbst in den von ihm gestifteten Orden aufgenommen wurde und im Jahre 1224 ein Dominikanerkloster in Trani gegründet hat, in lateinischer Uebersetzung gelesen (vgl. Perles Die in einer Münchener Handschrift aufgefundene erste lateinische Uebersetzung des Maimonidischen Führers in Frankel-Graetz Monatsschrift für Geschichte und Wissenschaft des Judenthums XXIV Jahrgang; Steinschneider Hebr. Bibliographie XV S. 87, XVII S. 68; Güdemann Gesch. des Erziehungswesens II S. 228—29). Auch Wilhelm von Auvergne und Alexander von Hales, deren schriftstellerische Thätigkeit in die ersten Jahrzehnte des XIII. Jahrhunderts fällt, haben den Führer des Maimonides, selbstverständlich in lateinischer Uebersetzung, in ihren Schriften bereits auf das Ausgiebigste benutzt (vgl. Revue des Études Juives B. XVIII und XIX). Diese älteste Uebersetzung, die auch der von dem Dominikaner Augustinus Justinianus im Jahre 1520 zu Paris veröffentlichten Uebersetzung des Führers zu Grunde liegt, ist von Perles in einer aus dem ehemaligen Kloster Kaisheim stammenden Handschrift der Königl. Hof- und Staatsbibliothek zu München aufgefunden und in der genannten Abhandlung einer eingehenden Untersuchung unterzogen worden. Wie Perles gegen Salomon Munk nachweist, ist diese lat. Uebersetzung nicht aus der hebräischen des Samuel ibn Tibbon, sondern aus der des Charisi unter stellenweiser Benutzung des arabischen Textes geflossen. Aller Wahrscheinlichkeit nach ist es dieselbe Uebersetzung, die auch von Albertus Magnus und von Thomas von Aquino benutzt worden ist; wenigstens lässt sich, worauf mich mein lieber Schwager und Freund Herr Rabbiner Simonsen in Kopenhagen aufmerksam gemacht hat, mit ziemlicher Sicherheit nachweisen, dass die von Thomas von Aquino benutzte Uebersetzung nicht aus der Tibbon'schen, sondern aus der Charisi'schen hervorgegangen sei. Wir kommen gelegentlich auf diesen Punkt noch einmal zurück.

nommen hat, der den Versuch unternommen hat, die Grenzen zwischen den Anschauungen der Bibel und denen der aristotelischen Philosophie abzustecken; er ist auf diesem Gebiete vielmehr nur der Fortsetzer einer geistigen Bewegung, die vor ihm schon durch Männer wie Saadia, Jehuda ha-Lewi und Abraham ibn Daud war vertreten worden. Für die christliche Theologie des Mittelalters aber, der die Schriften der früheren jüdischen Philosophen nicht zugänglich waren, ist der Führer des Maimonides, in dem die Entwicklung der jüdischen Religionsphilosophie gewissermassen ihren Höhepunkt erreicht hatte, das Vorbild geworden, dessen Spuren sie nur zu folgen brauchte, um zu einer Versöhnung der aristotelischen Philosophie mit den Glaubenslehren der Bibel zu gelangen. Mehr noch als bei Albertus Magnus tritt dieser Einfluss des Maimonides uns bei dem seinen Lehrer an geistiger Energie weit überragenden Schüler Thomas von Aquino entgegen. Albertus Magnus ist noch zu sehr Kompilator, um trotz zahlreicher Entlehnungen aus dem Führer des Maimonides ein geschlossenes Lehrsystem in der Weise dieses jüdischen Philosophen aufzuführen [1]. Dieser Aufgabe hat erst Thomas von Aquino sich unterzogen. Was er dabei dem Maimonides zu verdanken hat, das soll nunmehr im Einzelnen nachgewiesen werden [2].

1. Vernunft und Offenbarung. Die Erkenntniss Gottes.

Vernunft und Offenbarung sind nach Thomas die beiden Erkenntnissquellen, durch die dem Menschen während seines irdischen Daseins diejenigen höheren Wahrheiten erschlossen werden, die für seine Glückseligkeit unbedingt nothwendig sind [3]. Manche dieser Wahrheiten sind Gegenstand des Wissens, andere wieder sind Gegenstand des Glaubens; die einen sind der Art, dass sie auch der menschlichen Vernunft zugänglich sind, die

---

[1] Vgl. Joël Verhältniss Albert des Grossen zu Maimonides S. 2—3.
[2] Ch. Jourdain zählt unter den Autoren, deren Schriften Thomas vermuthlich gelesen hat (La philosophie de Saint Thomas d'Aquin I S. 440—41) Maimonides gar nicht mit auf, obschon ihm der Name des Rabbi Moyses bei Thomas doch oft genug begegnet sein müsste. Auch bei Gonzalez (Die Philosophie des heiligen Thomas von Aquin übers. von C. J. Nolte 3. Bd. Regensburg 1885) wird nicht einmal der Name des Maimonides erwähnt.
[3] Im jenseitigen Leben kommt als dritte Erkenntnissquelle noch die visio intuitiva oder die schauende Erkenntniss hinzu. Vgl. Stöckl Gesch. der Philosophie des Mittelalters II S. 491.

anderen können, weil sie die Erkenntnisskraft der Vernunft übersteigen, dem Menschen nur auf dem Wege einer übernatürlichen Offenbarung zugeeignet werden. Die göttliche Offenbarung bietet dem Menschen jedoch nicht allein diejenigen Wahrheiten dar, die er mit seiner Vernunft zu erfassen nicht im Stande wäre, sondern sie theilt ihm auch solche höhere Wahrheiten mit, die dem Bereiche seiner Vernunfterkenntniss angehören. Aus welchem Grunde aber geschieht dies? Wie ist es zu rechtfertigen, dass die Offenbarung oder der Glaube als ihr Korrelat über seine Grenzen hinaus in das Gebiet des Wissens hinübergreift? Auf diese an mehreren Stellen seiner Schriften aufgeworfene Frage giebt Thomas in der Summa contra Gentiles die folgende Antwort. Auch die der menschlichen Vernunft zugänglichen Wahrheiten mussten durch die Offenbarung mitgetheilt werden, weil ohne die Offenbarung nur wenige Menschen zur Erkenntniss dieser Wahrheiten gelangen würden, denn die Vernunftforschung, durch die sie gewonnen werden, ist schon an und für sich sehr schwierig und setzt zudem eine grosse Geübtheit des Denkens und viele Vorkenntnisse voraus. Dieser schwierigen Aufgabe würden und könnten die meisten Menschen sich nicht unterziehen; die einen nicht, weil ihre Geistesanlagen der Thätigkeit des Denkens nicht günstig sind und sie das Ziel niemals würden erreichen lassen, die andern nicht, weil sie durch die Sorge für ihre häuslichen Verhältnisse und die ihnen obliegenden zeitlichen Geschäfte daran verhindert werden, und wieder andere, weil sie zu faul und bequem sind, um sich einer so mühseligen und langwierigen Arbeit, wie sie eine solche Vernunftforschung erheischt, zu unterziehen [1]). Ausserdem würden

---

1) Contra Gentil. I Cap. 4. Sequerentur tamen tria inconvenientia, si hujus veritas solummodo rationi [inquirenda relinqueretur. Unum est, quod paucis hominibus Dei cognitio incsset. A fructu enim studiosae inquisitionis, qui est veritatis inventio, plurimi impediuntur tribus de causis. Quidam siquidem propter complexionis indispositionem, ex qua multi naturaliter sunt indispositi ad sciendum, unde nullo studio ad hoc pertingere possent, ut summum gradum humanae cognitionis attingerent, quod in cognoscendo Deum consistit. Quidam vero impediuntur necessitate rei familiaris, oportet enim esse inter homines aliquos, qui temporalibus administrandis insistant, qui tantum tempus in otio contemplativae inquisitionis non possent expendere, ut ad summum fastigium humanae inquisitionis pertingerent, scilicet Dei cognitionem. Quidam autem impediuntur pigritia. Ad cognitionem enim eorum, quae de Deo ratio investigare potest, multa praecognoscere oportet, cum fere totius philosophiae consideratio ad Dei cognitionem ordinetur . . . . Sic ergo non nisi cum magno labore studii ad praedictae veritatis inquisitionem perveniri potest, quem quidem laborem pauci subire volunt pro amore scientiae, cujus tamen mentibus hominum naturalem Deus inseruit appetitum.

die Menschen, wenn sie auf ihr Denken allein angewiesen wären, kaum in sehr langer Zeit zur Erkenntniss dieser Wahrheiten gelangen, denn die Tiefe dieser Wahrheiten bringt es mit sich, dass die menschliche Vernunft erst einer langen Uebung bedarf, um zur Erkenntniss derselben befähigt zu werden, dann aber auch wegen der vielen Vorkenntnisse, die eine solche Erkenntniss voraussetzt, und endlich weil die Jugend, in der die Seele des Menschen von den heftigsten Leidenschaften durchwühlt ist, für die Erkenntniss so tiefer Wahrheiten ganz ungeeignet ist. Es würden also auch die wenigen Menschen, die das Ziel allenfalls erreichen, die grösste Zeit ihres Lebens in Unwissenheit zubringen und erst im höheren Alter zur Erkenntniss jener Wahrheiten gelangen [1]). Die Offenbarung dieser Wahrheiten ist aber drittens auch aus den Grunde nothwendig, weil in die Resultate unserer Vernunftforschung, theils durch die Schwäche unseres Intellekts, theils durch die Einwirkung der Einbildungskraft sich mancherlei Irrthümer einmischen. So würden diese Wahrheiten, auch wenn sie noch so strikt bewiesen wären, für die meisten Menschen ohne die Offenbarung ungewiss bleiben, entweder weil sie die Kraft der Beweisführung nicht zu würdigen vermöchten, oder weil sie sähen, dass Verschiedene darüber Verschiedenes gelehrt hätten. Zuweilen mischt sich auch unter vieles Wahre etwas Falsches, was nicht als solches erkannt, sondern gleichfalls als wahr und bewiesen angesehen wird. Es ist darum als ein Zeugniss der göttlichen Gnade zu betrachten, dass die der menschlichen Vernunft zugänglichen Wahrheiten durch die Offenbarung allen Menschen erschlossen und jedem Zweifel enthoben worden sind [2]).

---

[1]) Ibidem. Secundum inconveniens est, quod illi, qui ad praedictae veritatis cognitionem vel inventionem pervenirent, vix post longum tempus pertingerent, tum propter hujusmodi veritatis profunditatem, ad quam capiendam per viam rationis non nisi prius post longum exercitium intellectus humanus idoneus invenitur, tum etiam propter multa, quae praeexiguntur, ut dictum est, tum propter hoc, quod tempore juventutis, dum diversis motibus passionum anima fluctuat, non est apta ad tam altae veritatis cognitionem, sed in quiescendo fit prudens et sciens (ut dicitur in 7 Physicorum); remaneret igitur humanum genus, si sola rationis via ad Deum cognoscendum pateret, in maximis ignorantiae tenebris, cum Dei cognitio, quae homines maxime perfectos et bonos facit, non nisi quibusdam paucis et his paucis etiam post temporis longitudinem proveniret.

[2]) Ibidem. Tertium inconveniens est, quod investigationi rationis humanae plerumque falsitas admiscetur propter debilitatem intellectus nostri in judicando et phantasmatum permixtionem. Et ideo apud multos in dubitatione remanerent ea, quae sunt verissime etiam demonstrata, dum vim demonstrationis ignorant, et praecipue cum videant

Wir haben hier eine der grundlegenden Anschauungen der thomistischen Theologie vor uns, die sich aber mit unzweifelhafter Gewissheit auf die Litteratur des Judenthums als auf ihre Quelle zurückführen lässt. Der mit der jüdischen Philosophie des Mittelalters vertraute Leser wird unwillkürlich an Saadia denken müssen, der in der Einleitung seines „Buches der Religionslehren und Vernunftansichten" die Nothwendigkeit einer übernatürlichen Offenbarung auch für die der menschlichen Vernunft zugänglichen Wahrheiten ganz in derselben Weise wie hier Thomas zu begründen sucht [1]). Nun hat Thomas das Buch des Saadia freilich nicht benutzen können, da diesem die Gunst, in's Lateinische übersetzt zu werden, nicht zu Theil geworden ist. Allein was Saadia an dem erwähnten Orte über das Verhältniss von Vernunft und Offenbarung lehrt, das bildet die Grundlage für eine längere Ausführung des Maimonides, auf die Thomas an einer anderen Stelle selbst als auf seine Quelle hinweist. Die letzte Vollkommenheit, auf die das Ziel des Menschen gerichtet ist, so heisst es bei Thomas, besteht in der vollkommenen Erkenntniss Gottes. Zu einer solchen kann der Mensch jedoch nur durch eine Einwirkung und Belehrung Gottes gelangen, der von sich selber die vollkommenste Erkenntniss hat. Zuerst ist der Mensch einer vollkommenen Erkenntniss überhaupt nicht fähig; er muss deshalb auf dem Wege des Glaubens Einiges empfangen, wodurch er zu der vollkommenen Erkenntniss hingeleitet wird. Manches aber ist der Art, dass es, weil es die Kraft der menschlichen Vernunft übersteigt, in diesem Leben gar nicht vollkommen erkannt werden kann; dieses können wir im diesseitigen Leben nur durch den Glauben erfassen, vollkommen schauen aber werden wir es in einem anderen Leben. Von Anderem, und dazu gehört z. B. auch dasjenige, was von Gott auf dem Wege der Demonstration bewiesen werden kann, können wir auch schon in diesem Leben

---

a diversis, qui sapientes dicuntur, diversa doceri. Inter multa etiam vera, quae demonstrantur, immiscetur aliquando aliquid falsum, quod non demonstratur, sed aliqua probabili vel sophistica ratione asseritur, quae interdum demonstratio reputatur. Et ideo oportuit per viam fidei fixa certitudine ipsam veritatem de rebus divinis hominibus exhiberi. Salubriter ergo providit clementia, ut ea etiam, quae ratio investigare potest, fide tenenda praeciperet, ut sic omnes de facili possent divinae cognitionis participes esse et absque dubitatione et errore. Vgl. Summ. theolog. I qu. 1 artic. 1; II, 2 qu. 2 artic. 4; Comment. in Sent. 1 Prolog. qu. 2 artic. 1.

1) Vgl. Saadia Emunoth we-Deoth (ed. Slucky Leipzig 1864) Einleit. S. 11 f.; Guttmann Die Religionsphilosophie des Saadia (Göttingen 1882) S. 24—25.

eine vollkommene Erkenntniss erlangen; zuerst aber müssen wir auch dieses glauben, und zwar aus fünf Gründen, die Rabbi Moyses aufgestellt hat. Erstens wegen der Tiefe und Feinheit jener Erkenntnissobjekte, von denen sich der Mensch, weil sie der Sinneswahrnehmung unzugänglich sind, zuerst eine vollkommene Erkenntniss nicht anzueignen im Stande ist; zweitens wegen der der menschlichen Vernunft zuerst anhaftenden Schwäche; drittens wegen der vielen Voraussetzungen, auf die eine solche Beweisführung sich gründet; viertens wegen der mangelhaften, aus der natürlichen Beschaffenheit des Menschen stammenden Anlage, die ihn zum Wissen unfähig macht, und fünftens wegen der Nothwendigkeit, sich den zur Erhaltung des Lebens nothwendigen Geschäften zu widmen [1]). Wer das Kapitel im Führer des Maimonides, das Thomas hier im Auge hat, nachliest, der wird in ihm nicht nur die fünf angeführten Gründe, sondern alle wesentlichen Momente der von Thomas aufgestellten Theorie über das Verhältniss von Vernunft und Offenbarung wiederfinden [2]).

---

1) Quaest. disput. De veritate qu. 14 (De fide) artic. 10. Ultima autem perfectio, ad quam homo ordinatur, consistit in Dei perfecta cognitione. Ad quam quidem pervenire non potest nisi operatione et instructione Dei, qui est sui perfectus cognitor. Perfectae autem cognitionis statim homo in suo principio capax non est, unde oportet, quod accipiat per viam credendi aliqua, per quae manducantur ad perveniendum in perfectam cognitionem. Quorum quaedam talia sunt, quod in hac vita de eis perfecta cognitio haberi non potest, quae totaliter vim humanae rationis excedunt, et ista oportet credere, quamdiu in statu vitae sumus, videbimus autem ea perfecte in statu primae. Quaedam vero sunt, ad quae etiam in hac vita perfecte cognoscenda possumus pervenire sicut illa, quae de Deo demonstrative probari possunt, quae tamen a principio necesse est credere propter quinque rationes, quas Rabbi Moyses ponit. Quarum prima est profunditas et subtilitas istorum cognoscibilium, quae sunt remotissima a sensibus, unde homo non est idoneus in principio ea cognoscere perfecte. Secunda causa est debilitas humani intellectus in suo principio. Tertia vero est multitudo eorum, quae praeexiguntur ad istorum demonstrationem, quae homo non nisi in longissimo tempore addiscere potest. Quarta est indispositio ad sciendum, quae est quibusdam propter pravitatem complexionis. Quinta est necessitas occupationum ad providendum necessaria vitae. Ex quibus omnibus apparet, quod si oporteret per demonstrationem solummodo accipere ea, quae necessarium est cognoscere de Deo, paucissimi ad hoc pervenire possent et hi etiam non nisi per longum tempus etc. Vgl. auch Comment. in Sent. III dist. 24 qu. 1 artic. 3.
2) Vgl. More I cap. 34 (Guide I S. 115—30). Wir werden auch im Weiteren, wo die Uebereinstimmung des Thomas mit Maimonides unzweifelhaft ist und eine besondere Veranlassung zur Wiedergabe der Maimonidischen Darstellung nicht vorliegt, uns auf die Angabe der betreffenden Stellen im „Führer" beschränken, um nicht durch

An einer anderen Stelle der Summa contra Gentiles tritt Thomas im Gegensatz zu der Ansicht derjenigen, die die Behauptung aufgestellt hätten, dass das Dasein Gottes ausschliesslich Sache des Glaubens und der Offenbarung sei und sich der Erkenntniss durch die menschliche Vernunft entziehe, für die Erkennbarkeit des göttlichen Daseins durch die menschliche Vernunft ein. Jene Ansicht, so meint er, sei nur dadurch entstanden, dass der Beweis für das Dasein Gottes von Manchen mit sehr schwachen Gründen geführt worden ist[1]). Eine ähnliche Bemerkung macht Maimonides in Betreff der Lehre von der Einheit Gottes. Nachdem er die fünf Beweisarten dargestellt hat, deren die Mutakallimun sich für die Einheit Gottes bedient hätten, schliesst er den betreffenden Abschnitt mit folgenden Worten: „Es gab unter ihnen auch solche, die, weil sie dessen müde waren, derartige Künsteleien zu erfinden, die Behauptung aufstellten, dass die Einheit Gottes wie ein religiöses Dogma anzunehmen sei. Die Mutakallimun aber haben dies sehr getadelt und für denjenigen, der sich zu dieser Ansicht bekannte, nur Verachtung gezeigt. Ich glaube jedoch, dass derjenige von ihnen, der diesen Ausspruch gethan hat, ein sehr

---

die Wiederholung derselben Ausführungen aus beiden Darstellungen den Leser zu ermüden. — Aus der in der vorigen Anmerkung angeführten Stelle ergiebt sich, dass die lat. Uebersetzung, die dem Thomas vorgelegen hat, wie bereits bemerkt (vgl. oben S. 32 Anmerk. 1) aus Charisi und nicht aus Tibbon geflossen sei. So entspricht das profunditas im ersten Grunde dem Charisi'schen עומק, während Tibbon das betreffende arabische Wort mit קושי wiedergiebt; im dritten Grunde entspricht das multitudo des Lateiners dem Charisischen רוב, an dessen Stelle Tibbon das dem arab. Text näherkommende אורך hat. — Auf die Uebereinstimmung mit Saadia und Maimonides in der Lehre von Vernunft und Offenbarung weist auch schon Stöckl II S. 447 hin.
1) Contra Gentil. I cap. 12. Est autem quaedam aliorum opinio praedictae propositioni contraria, per quam inutilis redderetur conatus probare intendentium Deum esse. Dicunt enim, quod Deum esse non potest per rationem inveniri, sed per solam viam fidei et revelationis est acceptum. Ad hoc autem dicendum moti sunt quidam propter debilitatem rationum, quas aliqui inducebant ad probandum Deum esse. Weiter bemerkt Thomas: Posset tamen hic error fulcimentum aliquod sibi assumere ex quorundam philosophorum dictis, qui ostendunt in Deo per rationem idem esse essentiam et esse, scilicet id, quod respondetur ad quid est et ad quaestionem an est. Via autem rationis provenire non potest, ut sciatur de Deo, quid est, unde nec ratione videtur posse demonstrari, an Deus est. Dieses Argument wird auch von dem einer späteren Periode angehörenden jüdischen Religionsphilosophen Josef Albo (Jekarim II Cap. 1) erwogen.

geradsinniger Mensch war, der an Sophismen kein Gefallen finden konnte. Da er nun in allen ihren Reden Nichts gehört hatte, was wirklich als ein Beweis hätte gelten können, und er in seinem Geiste von Allem, was sie als einen solchen ausgaben, sich nicht beruhigt fühlte, so sprach er die Ansicht aus, dass dies eine Sache sei, die man als religiöse Tradition hinnehmen müsse" [1].

Allein kann der menschlichen Vernunft auch die Erkenntniss vom Dasein Gottes nicht abgesprochen werden, so sind ihr doch in Betreff der Erkenntniss Gottes überhaupt die engsten Grenzen gezogen. Ja im Grunde, so lehrt Thomas wiederum in Uebereinstimmung mit den hervorragendsten Vertretern der jüdischen Religionsphilosophie [2]), ist die Erkenntniss vom Dasein Gottes die einzige Erkenntniss von Gott, zu der der Geist des Menschen sich aufzuschwingen im Stande ist. Diese Lehre steht freilich auch mit der ganzen Erkenntnisstheorie des Thomas im innigsten Zusammenhang. Alle Erkenntniss des Menschen hat nach ihm die sinnliche Erfahrung zu ihrer Grundlage und kann nur von dieser aus zum Uebersinnlichen und Allgemeinen sich erheben. Ohne sinnliche Vorstellung kann es für den Menschen ein Denken überhaupt nicht geben. Es giebt keine angeborenen Ideen, die der Mensch in dieses Leben gewissermassen fertig mitbrächte; der menschliche Verstand gleicht vielmehr zu Anfang einer leeren Tafel, die erst durch den auf Grund der sinnlichen Erfahrung sich vollziehenden Denkprocess beschrieben wird. Von den durch die sinnliche Wahrnehmung ihm dargebotenen Erfahrungen ausgehend, dringt der Mensch, indem er seiner geistigen Natur gemäss vom Besonderen zum Allgemeinen, von der äusseren Erscheinung der Dinge zu ihrem Wesen sich erhebt, zu begrifflicher Erkenntniss vor [3]). Demgemäss ist dem Menschen eine Erkenntniss des Wesens der Dinge nur da möglich, wo ihm durch die sinnliche Wahrnehmung die Dinge selbst unmittelbar dargeboten werden. Wo aber die sinnliche Erfahrung aufhört, da hört auch die begriffliche Erkenntniss auf und es

---

1) More I cap. 75 (Guide I S. 449). Auf Maimonides als seinen Gewährsmann verweist Thomas Quaest. disput. De veritate qu. 10 artic. 12: Quidam enim dixerunt, ut Rabbi Moyses narrat, quod Deum esse non est per se notum nec etiam per demonstrationem scitum, sed est tantum a fide susceptum. Maimonides macht diese Bemerkung freilich nicht vom Dasein, sondern von der Einheit Gottes.
2) Vgl. Guttmann Die Religionsphilosophie des Saadia S. 103. 119 Anmerk. 1; Maimonides More I Cap. 58 (Guide I S. 241): „Wir erfassen von ihm Nichts weiter, als dass er ist, nicht aber was er ist" u. s. w.
3) Vgl. Stöckl II S. 466 f.

muss dem Menschen das Wesen der Dinge verschlossen bleiben. Trifft dies schon von der Erkenntniss der reingeistigen Substanzen im Allgemeinen zu [1]); umwievielmehr erst von der Erkenntniss Gottes. Da es keine sinnliche Erfahrung giebt, die soweit reicht, um uns Gott selber als unmittelbaren Gegenstand unserer Erkenntniss darzubieten, so können wir es auf diesem Wege niemals zu einer Erkenntniss vom Wesen Gottes bringen; wir können vielmehr, von der sinnlichen Erfahrung ausgehend, immer nur zu einer Erkenntniss vom Dasein Gottes gelangen [2]).

2. Die Lehre von Gott und von den göttlichen Attributen.

Mit der Behauptung, dass die menschliche Vernunft wohl das Dasein Gottes, nicht aber das Wesen Gottes zu erkennen im Stande sei, sollte keineswegs eine Verschiedenheit des göttlichen Seins von dem göttlichen Wesen konstituirt werden. Allein in diesem Leben ist der Mensch nur einer durch die geschöpflichen Dinge vermittelten Gotteserkenntniss fähig; er kann nur von den im geschöpflichen Dasein ihm vorliegenden Wirkungen auf deren Ursache schliessen, die eben Gott ist. Auf diesem Wege gelangt der Mensch jedoch nur zu der Erkenntniss, dass Gott sei, nicht aber zur Erkenntniss des mit dem Wesen Gottes identischen Seins [3]). In Wahrheit aber ist das

---

1) Summ. theolog. I qu. 88 artic. 2.
2) Contra Gentil. I cap. 3. Ad substantiam Dei capiendam intellectus humanus non potest naturali virtute pertingere, quum intellectus nostri secundum modum praesentis vitae cognitio a sensu incipiat. Et ideo ea, quae in sensum non cadunt, non possunt humano intellectu capi, nisi quatenus a sensibus eorum cognitio colligitur. Sensibilia autem ad hoc ducere intellectum nostrum non possunt, ut in eis divina substantia videatur, quid sit, quum sint effectus causae virtutem non aequantes. Ducitur tamen ex sensibilibus intellectus noster in divinam cognitionem, ut cognoscat in Deo, quia est et alia hujusmodi, quae oportet attribui primo principio. Vgl. Summ. theolog. I qu. 12 artic. 12 u. a. O.
3) Contra Gentil. I cap. 12. In rationibus, quibus demonstratur Deum esse, non oportet assumi pro medio divinam essentiam, sive quidditatem, sed loco quidditatis accipitur pro medio effectus, sicut accidit in demonstrationibus „quia" et ex hujusmodi effectu sumitur ratio hujus nominis Deus. Ibidem. Nec hoc debet movere, quod in Deo idem est essentia et esse, nam hoc intelligitur de esse, quo Deus

Sein Gottes mit seinem Wesen durchaus identisch. Ueber diese erhabene Wahrheit, so schliesst Thomas in der Summa contra Gentiles das der Erörterung dieses Gegenstandes gewidmete Kapitel, ist schon Mose von Gott belehrt worden. Als er nämlich an Gott die Frage richtete, was er den Kindern Israels sagen solle, wenn sie zu ihm sprechen würden: „Welches ist sein Name?" da antwortete ihm Gott: »Ich bin, der ich bin« so sollst du zu den Kindern Israels sprechen: »der Seiende hat mich zu euch gesandt«, womit Gott „den Seienden" als seinen eigentlichen Namen bezeichnete. Da aber jeder Name die Bestimmung hat, die Natur oder das Wesen einer Sache zu bezeichnen, so folgt daraus, dass das göttliche Sein mit dem Wesen Gottes oder mit seiner Natur identisch ist [1]). Diese Ausführung ist wiederum dem Maimonides entlehnt [2]), der von Thomas an einer anderen Stelle, wo er dieselbe Frage behandelt, auch ausdrücklich genannt wird [3]).

Wie aber verhält es sich mit den anderen Attributen, die von Gott ausgesagt werden? Das Hauptproblem einer jeden spekulativen Attributenlehre besteht bekanntlich darin, die Mannigfaltigkeit oder Vielheit der von Gott ausgesagten Attribute mit dem Begriff der Einfachheit oder Einheit Gottes in Einklang zu setzen. Welches ist nun die Lösung, die sich uns bei Thomas für dieses Problem darbietet? Mit Maimonides stimmt Thomas zunächst darin überein, dass man sich die von Gott ausgesagten Attribute nicht als etwas zu dem Wesen Gottes

---

in se ipso subsistit, quod nobis, quale sit, ignotum est sicut ejus essentia, non autem intelligitur de esse, quod significat compositionem intellectus. Sic enim „esse Deum" sub demonstratione cadit, dum ex rationibus demonstrativis mens nostra inducitur hujusmodi propositionem de Deo formare, quae exprimat Deum esse. Vgl. Stöckl II S. 496.
1) Contra Gentil. I cap. 22. Hanc autem sublimem veritatem Moyses a Domino est edoctus, qui cum quaereret a Domino Exodi tertio dicens: „Si dixerint ad me filii Israel, quod est nomen ejus, quid dicam eis?" Dominus respondit: „Ego sum, qui sum" sic dices filiis Israel, „qui est" misit me ad vos, ostendens suum proprium nomen esse: „Qui est". Quodlibet nomen autem est institutum ad significandam naturam seu essentiam alicujus rei, unde relinquitur, quod ipsum divinum esse est sua essentia vel natura.
2) More I cap. 68 (Guide I S. 279—85).
3) Quaest. disput. De potentia Dei qu. 7 artic. 2. Praeterea Rabbi Moyses dicit, quod Deus est ens non in essentia et vivens non in vita et potens non in potentia et sapiens non in sapientia. Ergo in Deo non est aliud essentia quam esse. — Es ist bemerkenswerth, dass Thomas in den kleineren Schriften den Maimonides öfter da nennt, wo er seinen Namen in der Summa contra Gentiles nicht ohne Absicht zu verschweigen scheint.

Hinzukommendes vorstellen dürfe, denn das wäre gleichbedeutend mit der Annahme von Accidentien, die von dem Wesen Gottes verschieden sind, was dem Begriff der Einfachheit oder Einheit Gottes widerstritte [1]). Im Weiteren aber gehen Maimonides und Thomas auseinander. Es ist sein Standpunkt als christlicher Theologe, der ihn hier von Maimonides scheidet und ihm die Auffassung des jüdischen Philosophen von den göttlichen Attributen in ihrer weiteren Ausführung als unannehmbar musste erscheinen lassen. Aber indem Thomas seine eigene Lehre von den göttlichen Attributen im ausgesprochenen Gegensatz zu der Lehre des Maimonides entwickelt, tritt uns auch hier in gewissem Sinne seine Abhängigkeit von Maimonides entgegen. Alle Eigenschaften, die wir Gott beilegen, müssen nach Thomas als mit dem Wesen Gottes identisch gedacht werden. Das Leben Gottes ist nichts Anderes als sein Wesen [2]) und ebenso verhält es sich mit dem Wissen Gottes [3]), mit dem Willen Gottes [4]) und mit allen anderen Gott zugeschriebenen Eigenschaften. Diese Auffassung der göttlichen Attribute wird von Maimonides neben den zu dem Wesen Gottes hinzukommenden Attributen als die zweite Klasse der Wesensattribute bezeichnet [5]). Auch diese Art von Attributen ist nach der Ansicht des Maimonides nicht statthaft, denn entweder kommen sie, die Attribute mit dem Wesen identisch gesetzt, auf eine blosse Tautologie hinaus, ähnlich als ob man sagen würde: der Mensch ist ein Mensch, oder sie enthalten eine Namenserklärung, wie wenn man vom Menschen sagen würde: der Mensch ist ein lebendes, vernünftiges Wesen. Das Letztere aber geht, wie Maimonides an einer späteren Stelle ausführt, aus dem Grunde nicht an, weil es auf eine Definition Gottes hinauskäme, die alle Denker übereinstimmend als un-

---

1) Quaest. disput. De potentia Dei qu. 7 artic. 4. Praeterea Rabbi Moyses dicit, quod hujusmodi nomina non significant in Deo intentiones additas supra ejus essentiam. Omne enim accidens significat intentionem additam supra essentiam sui subjecti; ergo praedicta nomina non significant accidens in Deo. Vgl. More I cap. 51 (Guide I S. 183 f.), das. Cap. 52 (Guide I S. 193): „Die dritte Klasse ist diejenige, wo eine Sache zum Attribut eine andere Sache ausserhalb ihrer Realität und ihres Wesens hat in der Weise, dass diese das Wesen jener nicht vollendet und bedingt und in ihr demgemäss nur eine Qualität darstellt. Die Qualität aber ist als eine von den höheren Gattungen (Kategorieen) eines von den Accidentien; wenn also Gott ein Attribut von dieser Klasse hätte, so wäre er das Substrat von Accidentien" u. s. w.
2) Contra Gentil. I cap. 98.
3) Summ. theolog. I qu. 14 artic. 4.
4) Contra Gentil. I cap. 73. Summ. theolog. I qu. 19 artic. 1.
5) More I cap. 51.

möglich erklären ¹). Gegen den ersten dieser beiden Einwände scheint nun Thomas sich vertheidigen zu wollen, wenn er zu wiederholten Malen darauf zurückkommt, dass trotz der Identität der göttlichen Attribute unter sich und mit dem Wesen Gottes die verschiedenen Ausdrücke, deren wir uns zur Bezeichnung der göttlichen Attribute bedienen, dennoch nicht als blosse Synonymen zu betrachten seien. Um dies zu begründen, kann er freilich nicht umhin, die Verschiedenheit, in der sich das göttliche Wesen in den einzelnen Attributen uns darstellt, auf eine, wenn auch nicht reale, so doch begriffliche Verschiedenheit zurückzuführen, die, insofern sie ihre letzte Wurzel im Wesen Gottes selber hat, die unterschiedslose Einheit desselben doch wieder in Frage stellt ²). Thomas ist sich des Gegensatzes, in dem seine Auffassung von den göttlichen Attributen zu der des Maimonides steht, vollkommen bewusst. Es gab Manche, so sagt er an einer Stelle, die die Behauptung aufgestellt haben, dass alle diese Gott beigelegten Namen nicht die göttliche Substanz selbst bezeichnen. Am Ausdrücklichsten wird dies von Rabbi Moyses behauptet. Er lehrt nämlich, dass diese Namen von Gott in zwiefacher Weise zu verstehen seien. Erstens in der Weise der Wirkung, so dass man von Gott sagt, er sei weise, nicht weil die Weisheit Etwas in ihm selber wäre, sondern weil er in seinen Wirkungen nach der Art eines Weisen verfährt, indem nämlich jedes Ding einem bestimmten Zwecke dient; ebenso sagt man von Gott, er sei lebend im Hinblick darauf, dass er nach der Art eines Lebenden, nämlich gleichsam aus sich selbst heraus wirkt. Zweitens in der Weise einer Ne-

---

1) More I cap. 52 (Guide I S. 189 f.).
2) Comment. in Sent. I dist. 22 qu. 1 artic. 3. Multiplicitas nominum potest contingere ex parte rei, secundum quod nomina rem significant et inde veniunt nomina exprimentia id, quod in Deo est. In Deo autem non est invenire aliquam realem distinctionem personarum .... Sed praeter hoc est etiam invenire in Deo distinctionem rationum, quae realiter et vere in ipso sunt, sicut ratio sapientiae et bonitatis et hujusmodi. Quae quidem omnia sunt unum re et differunt ratione, quae salvatur in proprietate et veritate, ita prout dicimus Deum vere esse sapientem et bonum et non tantum in intellectu rationantis, et inde veniunt diversa nomina attributorum, quae omnia, quamvis significent unam rem, non tamen significant unam secundum unam rationem et ideo non sunt synonyma. Ibidem. Diversitas horum nominum non sumitur per respectum ad creaturas, immo potius econverso. Quia ex hoc, quod ratio sapientiae et bonitatis differt in Deo, diversificatur in creaturis bonitas et sapientia non tantum ratione, sed etiam re. Sed verum est, quod diversitas talium nominum, prout praedicantur de Deo, innotescit nobis ex diversitate eorum in creaturis.

gation, so dass, wenn wir von Gott sagen, dass er lebend sei, wir damit nicht das Leben als etwas in ihm Seiendes bezeichnen, sondern nur die Weise des Seins von ihm ausschliessen wollen, durch welche die unbelebten Dinge existiren, und ebenso, wenn wir von Gott sagen, dass er erkennend sei, nicht die Erkenntniss als etwas in ihm Seiendes bezeichnen, sondern nur die Weise des Seins von ihm ausschliessen wollen, in der die vernunftlosen Thiere existiren [1]). Thomas tritt dieser Auffassung mit Entschiedenheit entgegen. Was ihm dieselbe so bedenklich erscheinen lässt, ist aber wohl nicht zum Geringsten die Befürchtung, sich durch eine solche Auffassung von den göttlichen Attributen gewissermassen den Weg zu einer spekulativen Begründung der Trinitätslehre abzuschneiden [2]).

An seine Darstellung der Attributenlehre knüpft Maimonides eine längere Ausführung über die in der heiligen Schrift vorkommenden Gottesnamen, die Thomas wieder sowohl in ihrem Grundgedanken wie in vielen Einzelheiten sich angeeignet hat.

---

1) Quaest. disput. De potentia Dei qu. 7 artic. 5. Respondeo dicendum, quod quidam posuerunt, quod ista nomina dicta de Deo non significant divinam substantiam. Quod maxime expresse dicit Rabbi Moyses. Dicit autem hujusmodi nomina de Deo dupliciter esse intelligenda, uno modo per similitudinem effectus, ut dicatur Deus sapiens, non quia sapientia sit aliquid in ipso, sed quia in modum sapientis in suis effectibus operatur, ordinatur scilicet unumquodque ad debitum finem, et similiter dicitur vivens, inquantum ad modum viventis operatur quasi ex seipso agens (vgl. More I cap. 52. 53 u. a. O.). Alio modo per modum negationis, ut per hoc, quod dicimus Deum esse viventem, non significamus vitam in eo aliquid esse, sed removemus a Deo illum modum essendi, quo res inanimatae existunt. Similiter cum dicimus Deum esse intelligentem, non intelligimus significare intellectum aliquid in ipso esse, sed removemus a Deo illum modum essendi, quo bruta existunt et sic de aliis (vgl. More I cap. 58. 59 u. a. O.). Ibidem qu. 9 artic. 7; Comment. in Sent. I dist. 2 qu. 1 artic. 2; Summ. theolog. I qu. 13 artic. 2: Respondeo dicendum, quod de nominibus, quae de Deo dicuntur negative vel quae rationem ipsius ad creaturam significant, manifestum est, quod substantiam ejus nullo modo significant, sed remotionem alicujus ab ipso vel relationem ejus ad alium, vel potius alicujus ad ipsum. Sed de nominibus, quae absolute et affirmative de Deo dicuntur. sicut bonus, sapiens et hujusmodi, multipliciter aliqui sunt opinati. Quidam enim dixerunt, quod haec omnia nomina, licet affirmative de Deo dicantur, tamen magis inventae sunt ad aliquid removendum a Deo quam ad aliquid ponendum in ipso. Unde dicunt, quod, cum dicimus Deum esse viventem, significamus, quod Deus non hoc modo est, ut res inanimatae, et similiter accipiendum est in aliis, et hoc posuit Rabbi Moyses.
2) Vgl. Werner Der heilige Thomas I S. 325, II S. 354; Ritter Gesch. der Philosophie VIII S. 275; Stöckl II S. 535 f.

Alle Gottesnamen, denen wir in der heiligen Schrift begegnen, sind nach Maimonides von den Wirkungen Gottes hergenommen [1]), bis auf einen, nämlich das Tetragramm (יהוה), der als der einzige das Wesen Gottes bezeichnende Name, den er mit keinem anderen Wesen gemein hat, der Schem hameforasch genannt wird. Alle anderen Namen, selbst der für das Tetragramm gewöhnlich substituirte Name Adonaï, sind, weil sie von gewissen Wirkungen abgeleitet sind, die man in ähnlicher Weise auch bei uns findet, als Homonyme zu bezeichnen, d. h. als solche Namen, die gleichlautend Gott und den Menschen beigelegt werden [2]). Der einzige Gott allein eignende Name ist das Tetragramm, weil dieses unzweifelhaft Etwas bezeichnet, was Gott mit keinem ausser ihm existirenden Dinge gemein hat, weshalb auch die Weisen von dem Tetragramm sagen: „Mein Name, der mir eigenthümlich ist" (Talm. b. Sota fol. 38 b) [3]). Die Mehrheit der von den Wirkungen Gottes abgeleiteten Namen hat aber zu dem Irrthum Veranlassung gegeben, als ob es in

---

1) Wir führen hier die betreffenden Parallelstellen aus Thomas gleich an. Summ. theolog. I qu. 13 artic. 8. Quia Deus non est notus nobis in sui natura, sed innotescit nobis in operationibus vel effectibus ejus, ex his possumus eum nominare. Unde hoc nomen Deus est nomen operationis quantum ad id. a quo imponitur ad significandum. Imponitur enim hoc nomen ab universali rerum providentia .... Ex hac autem operatione hoc nomen Deus assumptum impositum est ad significandum divinam naturam.
2) Summ. theolog. I qu. 13 artic. 9. Est nihilominus communicabile hoc nomen Deus secundum aliquid ejus per quandam similitudinem, ut dii dicantur, qui participant aliquid divinum per similitudinem secundum illud (Ps. 82): „Ego dixi: dei estis" (vgl. More III cap. 8 Guide III S. 48). Si vero esset aliquid nomen impositum ad significandum Deum non ex parte naturae sed ex parte suppositi, secundum quod consideratur ad hoc aliquid, illud nomen esset ex omnibus modis incommunicabile, sicut forte est nomen tetragrammaton apud Hebraeos. An anderen Stellen bestreitet Thomas die Homonymie der Gottesnamen und will, dass sie vielmehr in analogischer Weise aufgefasst würden. Quaest. disput. De potentia Dei qu. 7 artic. 7: Quidam autem aliter dixerunt, quod de Deo et creatura nihil praedicatur analogice sed aequivoce pure. Et hujus opinionis est Rabbi Moyses, ut ex suis dictis patet. Vgl. Contra Gentil. I cap. 33; Summ. theolog. I qu. 18 artic. 5; Quaest. disput. De scientia Dei artic. 11; Comment. in Sent. I dist. 35 qu. 1 artic. 4.
3) Summ. theolog. I qu. 13 artic. 11. Respondeo dicendum, quod hoc nomen: „Qui est" triplici ratione est maxime proprium nomen Dei. Primo quidem propter sui significationem. Non enim significat formam aliquam sed ipsum esse, unde cum esse Dei sit ipsa ejus essentia et hoc nulli alii conveniat, ut supra ostensum est, manifestum est, quod inter alia nomina hoc maxime proprie nominat Deum .... Secundo propter ejus universalitatem. Omnia enim alia nomina vel sunt minus communia, vel si convertantur cum ipso, tamen addunt

Gott selber eine der Zahl dieser Wirkungen entsprechende Mehrheit von Attributen gebe. Darum ist in der Schrift schon vorherverkündet worden, dass die Menschen dereinst zu einer Auffassung gelangen würden, durch die dieser Irrthum werde beseitigt werden. Wenn der Prophet sagt (Zach. 14, 9): „An diesem Tage wird der Ewige **Einer** und sein Name wird **Einer** sein", so will er nämlich damit sagen, wie Gott selber **Einer** ist, so wird er dereinst unter einem **einzigen** Namen angerufen werden, und zwar unter demjenigen, der allein sein Wesen ausdrückt (More I Cap. 61 Guide I S. 267—73) [1]).

Auch in dem, was Thomas über die einzelnen Eigenschaften Gottes lehrt, ist er vielfach, und zwar gerade in den für die spekulative Begründung seiner Theologie entscheidenden Punkten, den Spuren des Maimonides gefolgt. Wir wollen uns hier auf die Hervorhebung des Wichtigsten beschränken. Eine der grössten Schwierigkeiten bietet dem Offenbarungsgläubigen, der sich auf den Standpunkt der aristotelischen Philosophie gestellt hat, die Lehre vom Wissen oder Denken Gottes dar. Nach der Lehre des Aristoteles ist alles Denken Gottes ein Denken seiner selbst; das Denken und sein Gegenstand fallen bei Gott schlechthin zusammen, so dass von einem Denken des ausser ihm Liegenden bei Gott überhaupt nicht die Rede sein kann [2]). Bei den arabischen Aristotelikern tritt dieser Satz in einer etwas gemilderten Form auf; sie sprechen Gott nicht mehr ein Wissen von den Dingen überhaupt, sondern nur ein Wissen von den Einzeldingen ab. Das Wissen Gottes erstreckt sich nach ihrer Ansicht nur auf das Allgemeine, die Gattungen der Dinge, nicht aber auf das Besondere und Accidentielle in den Dingen [3]). Selbstverständlich kann das religiöse Bewusstsein sich auch dabei nicht

---

aliqua supra ipsum secundum rationem, unde quodammodo informant et determinant ipsum .... Et ideo quanto aliqua nomina sunt minus determinata et magis communia et absoluta, tanto magis proprie dicuntur de Deo a nobis etc.
1) Quaest. disput. De potentia Dei qu. 7 artic. 6. Diversitatis ergo vel multiplicitatis nominum causa est ex parte intellectus nostri, qui non potest pertingere ad illam Dei essentiam videndam, secundum quod est, sed videt eam per multas similitudines ejus deficientes, in creaturas quasi in speculo resultantes. Unde si ipsam essentiam videret, non indigeret pluribus nominibus, nec indigeret pluribus conceptionibus. Et propter hoc Dei verbum, quod est perfecta conceptio ipsius, non est nisi unum, propter hoc dicit Zachar. cap. ult: „In die illa erit Dominus unus et nomen ejus unum", quando ipsa essentia Dei videbitur et non colligetur Dei cognitio ex creaturis.
2) Vgl. Zeller Die Philosophie der Griechen II, 2 Abth. ² S. 278.
3) Vgl. Philosophie und Theologie von Averroës, aus dem Arabischen übersetzt von M. J. Müller (München 1875) S. 10—11. 119 f.;

beruhigt fühlen. Die Schärfe, mit der Maimonides dieses Problem erfasst, und die Art und Weise, wie er es seiner Lösung entgegengeführt hat, bildet eines der wesentlichsten Verdienste, die er um die Fortentwicklung der jüdischen Religionsphilosophie und mittelbar auch um die der Scholastik sich erworben hat, denn in Beidem, in der Fassung des Problems wie in dessen Lösung, ist Thomas von Aquino unzweifelhaft dem Vorbild des Maimonides gefolgt. Diejenigen, die der göttlichen Erkenntniss ein Wissen von den Einzeldingen absprechen wollen, so führt Thomas aus, haben dies auf siebenfache Art zu beweisen gesucht. Erstens aus dem Wesen des Einzelseins selbst. Da nämlich das Princip des Einzelseins die determinirte Materie ist und alle Erkenntniss durch eine Art von Verähnlichung stattfindet, so können die Einzeldinge nicht durch eine immaterielle Kraft erkannt werden. Auch wir erfassen ja die Einzeldinge nur durch diejenigen Kräfte, die, wie die Einbildungskraft und die Sinne, sich materieller Organe bedienen, während der Intellekt, weil er immateriell ist, das Einzelne nicht erkennt. Um wievielweniger kann dem göttlichen Intellekt, der von der Materie am Weitesten entfernt ist, eine Erkenntniss der Einzeldinge zukommen. Zweitens weil die Einzeldinge nicht immer sind, denn entweder sie müssen von Gott immer gewusst werden, oder nur zu einer gewissen Zeit, zu einer anderen aber nicht. Das Erste kann nicht sein, weil es von dem Nichtseienden kein Wissen geben kann, das Zweite nicht, weil es eine Veränderung in Gott voraussetzen würde. Drittens weil nicht alle Einzeldinge mit Nothwendigkeit aus Gott hervorgehen, sondern manche auch zufällig. Das Zufällige aber kann von Gott nicht erkannt werden, weil dies gleichfalls eine hinzukommende Erkenntniss (d. h. eine Veränderung) in Gott wäre. Viertens weil die Ursache mancher Einzeldinge der Wille ist, die Wirkung aber, bevor sie ist, nur in ihrer Ursache erkannt werden kann. Da nun die Bewegungen des Willens von Niemandem als von dem Wollenden, in dessen Macht sie sind, mit Sicherheit erkannt werden können, so kann auch Gott von diesen Einzeldingen keine sichere Erkenntniss haben. Fünftens wegen der Unendlich-

---

Schemtob Falaquera's More ha-More (Pressburg 1837) S. 125; Munk Mélanges S. 319. 362; Guide III S. 114. Auf eine Erörterung über die Stellung, welche die arabischen Aristoteliker und die jüdischen Religionsphilosophen im Einzelnen diesem Problem gegenüber eingenommen haben, können wir hier nicht eingehen, da dies für die Erkenntniss der Beziehungen zwischen Thomas von Aquino und Maimonides ohne Belang ist. (Vgl. jedoch Joël Levi ben Gerson als Religionsphilosoph S. 57; Kaufmann Geschichte der Attributenlehre S. 457 Anmerk. 145).

keit der Einzeldinge. Das Unendliche kann nämlich nicht erkannt werden, weil das Erkennen ein Umfassen ist, das Unendliche aber nicht umfasst werden kann. Sechstens wegen der Niedrigkeit der Einzeldinge. Siebentens wegen der Schlechtigkeit, die in manchen Einzeldingen angetroffen wird. Da nämlich das Erkannte in irgend einer Weise in dem Erkennenden sein muss, das Schlechte aber in Gott nicht sein kann, so scheint daraus zu folgen, dass Gott das Schlechte und die Privation überhaupt nicht erkenne, sondern nur ein der Möglichkeit nach existirender Intellekt dies zu thun im Stande, sei [1]). Die hier ausgeführten Argumente hat Thomas aus dem Führer des Maimonides kennen gelernt [2]). Maimonides selber freilich lässt sich durch all' diese Spitzfindigkeiten nicht irre machen. Für ihn ist es eine Ueberzeugung von unmittelbarer Gewissheit, dass Gott alle Vollkommenheiten in sich einschliessen müsse und dass alle Unvollkommenheiten von ihm auszuschliessen seien. Da nun die Unwissenheit eine Unvollkommenheit ist, so kann man von Gott nicht sagen, dass er Irgendetwas nicht wisse [3]).

---

1) Contra Gentil. 1 cap. 63. Sunt autem quidam, qui perfectioni divinae cognitionis singularium notitiam subtrahere nituntur. Ad quod quidem confirmandum septem viis procedunt. Prima est ex ipsa singularitatis conditione. Cum enim singularitatis principium sit materia signata, non videtur per aliquam virtutem immaterialem singularia posse cognosci, si omnis cognitio per quandam assimilationem fiat... Secunda est, quod singularia non semper sunt.... Tertia est ex eo, quod non omnia singularia de necessitate proveniunt, sed quaedam contingenter, unde de eis certa cognitio haberi non potest, nisi quando sunt.... Quarta est ex eo, quod quorundam singularium causa est voluntas, effectus autem, antequam sit, non potest nisi in sua causa cognosci.... Quinta est ex singularium infinitate.... Sexta est ex ipsa vilitate singularium.... Septima est ex malitia, quae in quibusdam singularibus invenitur etc. Vgl. Compendium theologiae I cap. 132 (Tom XX pag. 157).
2) Vgl. More III cap. 16 und cap. 20. An der ersterwähnten Stelle führt Maimonides folgende Argumente der Gegner an: 1. Gott hat keine Sinneswerkzeuge, um die Einzeldinge aufzufassen. 2. Das Einzelne ist unendlich und nur das Begrenzte ist Gegenstand des Wissens. 3. Gott müsste durch Aufnahme neuen Wissens sich verändern. 4. Wenn Gott das Zukünftige wüsste, so gäbe es auch ein Wissen des Nichtseienden. 5. Selbst dies zugegeben, so ist doch ein Anderes das Wissen einer Sache als einer zukünftigen und wiederum als einer gegenwärtig vorhandenen (vgl. Joël Die Religionsphilosophie des Mose ben Maimon, Programmschrift des jüd. theolog. Seminars Breslau 1859 S. 20). — Franciscus de Silvestris, der Kommentator der Summa contra Gentiles in der Pariser Gesammtausgabe, spricht die Vermuthung aus, dass Thomas in dieser Darstellung dem Averroës gefolgt sei, ohne jedoch einen Beweis dafür beizubringen.
3) Vgl. Contra Gentil. I cap. 65. Sicut Deus est ipsum suum esse, ita est suum cognoscere, ut ostensum est. Sed ex hoc, quod est

Wenn Manche wegen der in den Schicksalen der Menschen scheinbar hervortretenden Regellosigkeit Gott ein Wissen von den Dingen glaubten absprechen zu müssen, so haben sie nicht bedacht, dass die menschlichen Schicksale nicht allein von natürlichen Ursachen bedingt sind, sondern meistens auch von dem Verhalten des Menschen selbst, der einen freien Willen hat und Ueberlegung besitzt [1]). Die anderen von den Gegnern beigebrachten Argumente werden von Maimonides durch folgende Ausführung zurückgewiesen. „Darüber herrscht vollkommene Uebereinstimmung, dass bei Gott nicht irgendein neues Wissen hinzukommen kann, sodass er jetzt wüsste, was er vorher nicht gewusst hat. Ebensowenig kann er, selbst nach der Ansicht derjenigen, die die Attribute zulassen, vielfache und zahlreiche Erkenntnisse besitzen. Dies als bewiesen vorausgesetzt, behaupten wir Anderen, die wir uns zu den Lehren der Thora bekennen, dass Gott durch eine e i n z i g e Erkenntniss die vielfachen und zahlreichen Dinge kennt und dass in Beziehung zu Gott die Verschiedenheit der erkannten Dinge keineswegs eine Verschiedenheit der Erkenntnisse einschliesst, wie dies in Beziehung zu uns der Fall ist. Ebenso behaupten wir, dass Gott alle diese neu hinzugekommenen Dinge gekannt hat, bevor sie entstanden sind, und dass er sie von aller Ewigkeit her gekannt hat. Folglich kommt bei ihm keine neue Erkenntniss hinzu, denn da er weiss, dass dieser und dieser, der jetzt nicht existirt, zu dieser und dieser Zeit existiren wird und dass er, nachdem er eine Zeit lang existirt haben wird, wieder in das Nichts zurückkehren wird, so erhält sein Wissen keinen Zuwachs, wenn die Person zur Existenz gelangt, wie er es vorher gewusst hat. Es ist dann also Nichts entstanden, was ihm un-

---

suum esse, oportet, quod in ipso inveniantur omnes perfectiones essendi sicut in prima essendi origine, ut supra habitum est. Oportet igitur, quod in ejus cognitione inveniatur omnis cognitionis perfectio sicut in primo cognitionis fonte. Hoc autem non esset, si ei singularium notitia deesset, cum in hoc aliquorum cognoscentium perfectio consistat. Summ. theolog. I qu. 14 artic. 1. Ferner heisst es in der Summa contra Gentil. I cap. 65: Primo igitur ostendamus, quod singularium cognitio Deo non potest deesse. Ostensum enim est supra, quod Deus cognoscit alia, inquantum est causa eis, effectus autem divini subsistentes sunt res singulares. Hoc enim modo causat res, inquantum facit eas in actu, universalia autem non sunt res subsistentes, sed habent esse solum a singularibus, ut probatur in 7 Metaph. Deus igitur cognoscit res alias a se non solum in universali, sed etiam in singulari (vgl. Summ. theolog. I qu. 4 artic. 11). Auch dieses Argument ist dem Maimonides entlehnt. Vgl. More III cap. 18 (Guide III S. 136—37).

1) More III cap. 19 (Guide III S. 141).

bekannt gewesen wäre, sondern es ist Etwas entstanden, dessen künftige Existenz ihm von Ewigkeit her bekannt war, sowie sie sich verwirklicht hat. Aber aus diesem Glauben, so könnte man einwenden, würde folgen, dass das (göttliche) Wissen auch die **nichtexistirenden** Dinge zum Gegenstand habe und dass es das **Unendliche** umfasse. Und das glauben wir in der That. Wir behaupten, dass es durchaus nicht unmöglich sei, dass das Wissen Gottes die Dinge zum Gegenstand habe, die **noch** nicht existiren, deren künftige Existenz er aber im Voraus weiss und die er in's Dasein zu rufen im Stande ist. Nur dasjenige, was niemals existirt, ist in Bezug auf das Wissen Gottes das absolute Nichtsein, das dieses Wissen nicht zum Gegenstande haben kann, sowie unser Wissen für uns dasjenige nicht zum Gegenstande haben kann, was für uns keine Existenz hat. Eine wirkliche Schwierigkeit liegt jedoch darin, dass das göttliche Wissen das Unendliche umfassen solle . . . Ich für mein Theil aber glaube, dass alle diese Schwierigkeiten ihren Grund nur darin haben, **dass man eine Aehnlichkeit zwischen unserem Wissen und dem Wissen Gottes angenommen hat**, so dass jede dieser Parteien, dasjenige betrachtend, was für unser Wissen in Bezug auf uns unmöglich ist, sich einbildete, dass es damit nothwendiger Weise ebenso für das göttliche Wissen sein müsse, oder dass man hierin wenigstens Schwierigkeiten gefunden hat. Ueberhaupt aber muss man die Philosophen dieserhalb noch mehr tadeln als jede andere Partei, denn sie sind es ja, die bewiesen haben, dass es im Wesen Gottes keine Vielfachheit gebe, dass Gott kein Attribut ausserhalb seines Wesens habe und dass im Gegentheil sein Wissen und sein Wesen identisch seien. Sie sind es ferner, die bewiesen haben, dass unser Verstand unfähig sei, sein Wesen in seiner ganzen Realität zu erfassen, wie wir es auseinandergesetzt haben. Wie also können sie dann den Anspruch erheben, sein Wissen zu begreifen, da dieses kein Ding ausserhalb seines Wesens ist? Wenn wir sagen, dass unser Verstand unfähig sei, sein Wesen zu begreifen, sagen wir damit nicht zugleich, dass er unfähig sei, zu begreifen, in welcher Weise Er eine Kenntniss von den Dingen habe? **In der That ist diese Kenntniss nicht von derselben Art wie die unsrige, dass wir vermittelst einer Analogie (von unserer) auf jene schliessen könnten**. Sie ist vielmehr im Gegentheil eine völlig verschiedene Sache, und so wie es hier ein Wesen giebt von nothwendiger Existenz, ein Wesen, aus dem nach der Ansicht der Philosophen alle Dinge mit Nothwendigkeit emanirt sind, oder das, nach unserer Ansicht, alles ausser ihm Existirende aus dem Nichts hervorgebracht hat, ebenso behaupten wir, dass dieses Wesen alles ausser ihm Existirende erfasse und dass von allem Existirendem ihm Nichts unbekannt sei, dass es jedoch zwischen unserer Erkenntniss und der seinigen nichts Gemeinsames gebe, sowie es nichts Gemeinsames giebt zwischen unserem Wesen und dem seinigen. Es ist nur die Namensgleichheit des Wortes: „Wissen", die zu dem Irrthum Veranlassung gegeben hat, denn es ist hier nur eine Gemeinsamkeit der Namen vorhanden, während in Betreff des wirklichen Sinnes eine völlige Verschiedenheit vorliegt [1]). Das hat zu allen jenen Absurditäten geführt, dass man sich nämlich eingebildet hat, Alles, was unserem Wissen zukommt, müsse auch dem Wissen Gottes zukommen" [2]). „Es ist ein grosser Unterschied, so lehrt Maimonides wieder an einer anderen Stelle, zwischen dem Wissen, das der Künstler von einem Werke besitzt, das er hervorgebracht hat, und dem Wissen, das ein Anderer von diesem selben Werke besitzt. Wenn das Werk, dem Wissen des Künstlers entsprechend, ausgeführt worden ist, dann hat dieser, indem er das Werk ausgeführt hat, in der That nichts Anderes gethan, als dass er seinem Wissen gefolgt ist; bei jedem Anderen aber, der dieses Werk betrachtet und sich von ihm ein vollkommenes Wissen aneignet, folgt das Wissen dem Werke. . . . Ebenso verhält es sich mit der Gesammtheit des Universums

---

1) Vgl. Averroës Philosophie und Theologie S. 10: „Nämlich unser Wissen ist abhängig oder verursacht durch das Objekt des Wissens, es ist entstanden durch sein Entstehen und verändert sich durch seine Veränderung, während das Wissen Gottes von der Existenz im Gegensatz hiezu ist: denn es ist die Ursache des Gewussten, welches das Existirende ist. Wenn Jemand die beiden Wissen mit einander gleich setzt, so identificirt er Wesen und Eigenschaften von ganz entgegengesetzten Gegenständen: und das ist der Gipfel der Thorheit. Wenn das Wort Wissen für das entstandene und ewige Wissen gebraucht wird, so ist dies eine reine Homonymie". Vgl. das. S. 120—21. Die Homonymität des göttlichen und des menschlichen Wissens lehren auch schon Alfarabi und Ibn Sina (vgl. Kaufmann Attributenlehre S. 457 Anmerk. 145.)

2) More III cap. 20 (Guide III S. 147—51). Vgl. auch den Schluss des Kapitels. Den Ausführungen des Maimonides im Wesentlichen zustimmend, bemerkt Thomas Comment. in Sent. I dist. 36 qu. 1 artic. 1: Ideo alii dixerunt, sicut Rabbi Moyses, quod Deus scit perfectissime singularia. Et omnes rationes, quae in contrarium inducuntur, solvit per hoc, quod dicit scientiam Dei esse aequivocam scientiae nostrae, unde per conditiones scientiae nostrae non possumus aliquid de scientia Dei arguere, sicut enim esse Dei non comprehenditur a nobis, ita nec scientia ejus. Hoc confirmat per id, quod habetur per Isai 55: Sicut exaltati sunt coeli a terra, sic viae meae a viis vestris et cogitationes meae a cogitationibus vestris. Sed istud, quamvis sit verum, tamen oportet aliquid plus dicere etc.

und dessen Beziehung zu unserem Wissen und dem Wissen Gottes. Was wir Anderen wissen, das wissen wir in der That nur in Folge der Betrachtung der Dinge; darum erstreckt unser Wissen sich weder auf die zukünftigen Dinge noch auf das Unendliche. Dagegen erneuern und vervielfältigen sich unsere Erkenntnisse gemäss den Dingen, deren Erkenntniss wir uns aneignen. Bei Gott aber ist es nicht so; ich will damit sagen, dass bei ihm die Erkenntniss, die er von den Dingen hat, nicht von diesen kommt, so dass bei ihm eine Vervielfältigung und Erneuerung stattfände. Im Gegentheil hängen diese Dinge von seinem Wissen ab, das ihnen vorangegangen ist und sie so hergestellt hat, wie sie sind .... Bei Gott giebt es also kein vielfältiges Wissen; es kann in seinem Wissen, das unveränderlich ist, nichts Neues hinzukommen, denn indem er die ganze Realität seines unveränderlichen Wesens erkennt, erkennt er zugleich alles das, was sich nothwendiger Weise aus seinen Wirkungen ergeben muss" [1]). Auf Grund derselben Distinktionen will auch Thomas von Aquino das Problem vom Wissen Gottes seiner Lösung entgegenführen [2]).

Mit der Lehre vom göttlichen Wissen im innigsten Zusammenhang steht die Lehre von der göttlichen Providenz. Auch hier schlägt Thomas von Aquino denselben Weg wie Maimonides ein, um den Lehren der herrschenden Zeitphilosophie gegenüber den positiv religiösen Standpunkt zur Geltung zu bringen, nur dass er in einem sehr wesentlichen Punkte noch über Maimonides glaubt hinausgehen zu müssen. Nach der dem Aristoteles im Mittelalter allgemein zugeschriebenen Ansicht, die

---

1) More III Cap. 21 (Guide III S. 155—157). Ueber den Zusammenhang dieser Lehre des Maimonides mit der des Averroës vgl. oben S. 51 Anmerk. 1; Munk Guide III S. 157 Anmerk. 3.
2) Contra Gentil. I Cap. 65. Amplius: Divinus intellectus ex rebus cognitionem non sumit sicut noster, sed per suam cognitionem est causa rerum et mensura ipsarum, ut infra ostendetur. Ibidem Cap. 66. Item cognitio divini intellectus comparatur ad res alias sicut cognitio artificis ad artificiata, cum per suam scientiam sit causa rerum. Artifex autem suae artis cognitione etiam ea, quae nondum sunt artificiata, cognoscit, formae enim artis ex ejus scientia effluunt in exteriorem materiam ad artificiatorum constitutionem. Unde nihil prohibet in scientia artificis esse formas, quae nondum exterius prodierunt. Sic igitur nihil prohibet Deum eorum, quae non sunt, notitiam habere. Summ. theolog. I qu. 14 artic. 8. Respondeo dicendum, quod scientia Dei est causa rerum. Sic enim scientia Dei se habet ad omnes res creatas, sicut scientia artificis se habet ad artificiata, scientia enim artificis est causa artificiatorum eo, quod artifex operatur ad suum intellectum, unde oportet, quod forma intellectus sit principium operationis etc.

jedoch, in dieser Fassung wenigstens, sich in den uns erhaltenen
echten Schriften des griechischen Philosophen nicht mit Sicherheit nachweisen lässt ¹), soll nämlich die göttliche Providenz sich
nur über die Himmelssphären erstrecken und, wie Alexander
Aphrodisias sich ausdrückt, bei der Mondsphäre stehen bleiben,
weil neben den reinen Geistern die Himmelssphären allein von
beständiger Dauer seien. Bei den Dingen unter der Mondsphäre
oder den sublunarischen Dingen hingegen soll die göttliche Providenz sich nur auf die Gattungen als das Bleibende erstrecken,
nicht aber auf die Individuen, die dem Entstehen und Vergehen
unterworfen sind ²). Dieser dem religiösen Bewusstsein des
Menschen nicht minder als den religiösen Urkunden des Judenthums widerstreitenden Lehre tritt Maimonides, soweit es den
Menschen betrifft, mit aller Entschiedenheit entgegen. Die göttliche Providenz waltet nach ihm in der sublunarischen Welt
auch über die Individuen der menschlichen Gattung, und zwar
über die einzelnen Individuen in verschiedenem Grade, je nachdem sie durch ihr intellektuelles und sittliches Verhalten in eine
mehr oder minder enge Verbindung mit Gott getreten sind.
Was jedoch die anderen sublunarischen Dinge betrifft, so ist
auch Maimonides der Ansicht, dass bei diesen die göttliche Providenz sich nur auf die Gattungen und nicht auf die Einzelwesen erstrecke ³). Thomas erklärt sich mit dieser Lehre des
Maimonides, soweit es sich um das Verhältniss der göttlichen
Providenz zu den menschlichen Individuen handelt, vollkommen
einverstanden ⁴). Aber auch die anderen sublunarischen Dinge
will er der göttlichen Providenz nicht entzogen wissen und er
geht in seinem Widerspruch gegen die Ansicht des Maimonides
soweit, dass er dieselbe an einer Stelle geradezu als eine Häresie

---

1) Vgl. Munk Guide III S. 116 Anmerk. 1; Joël Die Religionsphilosophie des Mose ben Maimon S. 20 Anmerk. 3.
2) Vgl. More III Cap. 17 (Guide III S. 116 f.).
3) More III Cap. 17 und Cap. 18.
4) Comment. in Sent. I dist. 39 qu. 2 artic. 2. Et ideo alia
positio fuit, quod Deus providentiam habet de omnibus, quae dicta
sunt, et ulterius de individuis hominum non tantum, secundum quod
communicant in specie, sed etiam secundum particulares actus eorum.
Et hanc ponit Rabbi Moyses et rationem assignat ex eo, quod in
homine etiam particulari invenitur natura intellectualis, per quam
comprehendit intellectu suo formam speciei, inquantum est species,
quia intellectus attribuit intentionem universalitatis naturae apprehensae, quam non habet in rebus extra animam, et ideo individuum
hominis etiam non deseritur a providentia, quae est specierum, et
praecipue quia communicat cum substantiis perpetuis, quarum etiam
est per se providentia et secundum individua.

bezeichnet [1]). Darin wieder mit Maimonides übereinstimmend, erklärt Thomas ferner, dass durch das Vorherwissen oder den Willen Gottes nicht ein solcher Zwang auf die Dinge ausgeübt werde, dass dadurch die Kontingenz oder die Natur des Möglichen in ihnen aufgehoben würde [2]). Auf diese Weise sucht er die Lehre von der göttlichen Providenz mit der Lehre von der Willensfreiheit des Menschen in Einklang zu setzen [3]).

Unverkennbar ist die Abhängigkeit von Maimonides auch in dem, was Thomas über die Allmacht Gottes lehrt. Wie der Wille Gottes nicht auf das an sich Unmögliche sich erstrecken kann [4]), so kann nach Thomas auch die Allmacht Gottes nicht das an sich oder seinem Begriffe nach Unmögliche zu ihrem Gegenstande haben. Was einen logischen Widerspruch in sich schliesst, das darf nicht als in den Bereich der göttlichen

---

[1] Summ. theolog. I qu. 22 artic. 2. Respondeo dicendum, quod quidam totaliter providentiam negaverunt sicut Democritus et Epicuraei, ponentes mundum factum esse casu. Quidam vero posuerunt incorruptibilia tantum providentiae subjacere, corruptibilia vero non secundum individua, sed secundum species, sic enim incorruptibilia sunt. Ex quorum persona dicitur Job 22: Nubes latibulum ejus et circa cardines caeli perambulat neque nostra considerat. A corruptibilium etiam generalitate excepit Rabbi Moyses homines propter splendorem intellectus, quo participant; in aliis autem individuis corruptibilibus aliorum opinionem est secutus. Sed necesse est dicere omnia divinae providentiae subjacere non in universali tantum, sed etiam in singulari. Ibidem. Ad quintum dicendum, quod quia creatura rationalis habet per liberum arbitrium dominium sui actus, ut dictum est, speciali quodam modo subditur divinae providentiae, ut scilicet ei imputetur aliquid ad culpam vel ad meritum et reddatur ei aliquid ut poena vel praemium. Et quantum ad hoc curam Dei apostolus a bobus removet (1 Corinth. 9), non tamen ita, quod individua irrationalium creaturarum ad Dei providentiam non pertineant, ut Rabbi Moyses existimavit. Expositio aurea in Threnos (Cap. 3 V. 36—37). Hic sunt argumenta a divina potentia, qua omnia gubernat et providet. Et primo contra illos, qui derogant divinae providentiae infideliter blasphemando [Quis est, qui dixit, ut fieret] aliquid etsi non omnia sine Dei providentia. In quo excluditur haeresis illorum, qui dicunt, quod providentia Dei extendat se usque ad universalia et incorporalia, sicut corpora coelestia, et etiam usque ad homines propter conformitatem naturae humanae ad Deum, ut dicit Rabbi Moyses. — Maimonides freilich behauptet, dass das Walten der göttlichen Vorsehung in der Bibel nirgends über andere Individuen der sublunarischen Welt als über die Menschen gelehrt werde (More III Cap. 17 Guide III S. 131).

[2] Contra Gentil. I Cap. 85. III Cap. 72. Summ. theolog. I qu. 19 artic. 8. Ibidem qu. 22 artic. 4. Quaest. disput. De veritate qu. 23 artic. 5. Vgl. More III Cap. 20 (Guide III S. 151).

[3] Contra Gentil. I Cap. 85.

[4] Contra Gentil. I Cap. 84.

Allmacht fallend angesehen werden ¹). So kann Gott nicht machen, dass ein Ding zu gleicher Zeit sei und nicht sei, oder dass kontradiktorische Gegensätze in demselben Ding zu gleicher Zeit vorhanden seien ²). Er kann nicht machen, dass die Materie ohne die Form existire ³). Ebenso wenig kann er die Grundprincipien der Logik und Mathematik aufheben; er kann nicht machen, dass die Radien eines Kreises einander nicht gleich, oder dass die Winkel eines Dreiecks nicht gleich zwei Rechten seien. Gott kann das Geschehene nicht ungeschehen machen; er kann auch keinen Gott machen und Nichts, was ihm selber gleich ist ⁴). Ganz ebenso heisst es bei Maimonides: „Das Unmögliche hat eine feste und konstante Natur, die nicht das Werk eines Wirkenden und unter keiner Bedingung veränderlich ist; darum darf man Gott in dieser Beziehung keinerlei Macht zuschreiben. Dies ist Etwas, was keiner der Denker bestreitet und was nur denjenigen unbekannt geblieben ist, die die intelligibelen Begriffe nicht verstehen . . . So z. B. gehört die Ver-

---

1) Summ. theolog. I qu. 25 artic. 3. Quaecunque igitur contradictionem non implicant, sub illis possibilibus continentur, respectu quorum Deus dicitur omnipotens. Ea vero, quae contradictionem implicant, sub divina omnipotentia non continentur, quia non possunt habere possibilium rationem. Unde convenientius dicitur, quod ea non possunt fieri, quam quod Deus ea non possit facere. Vgl. Contra Gentil. II Cap. 22. Quaest. disput. De potentia Dei qu. 1 artic. 3.
2) Contra Gentil. II Cap. 25. Hoc igitur Deus non potest, ut faciat simul unum et idem esse et non esse, quod est contradictoria esse simul . . . . Unde ejusdem rationis est, quod Deus non possit facere opposita simul inesse eidem secundum idem.
3) Quodlibet III artic. 1. Quod aliquid sit et non sit, a Deo fieri non potest, neque aliquid involvens contradictionem, et hujusmodi est: materiam esse sine forma.
4) Contra Gentil. II Cap. 25. Praeterea cum principia quarundam scientiarum, ut Logicae, Geometriae et Arithmeticae, sumantur ex solis principiis formalibus rerum, ex quibus essentia rei dependet, sequitur, quod contraria horum principiorum Deus facere non possit, sicut quod genus non sit praedicabile de specie, vel quod lineae ductae a centro ad circumferentiam non sint aequales, aut quod triangulus rectilineus non habeat tres angulos aequales duobus rectis. Hinc etiam patet, quod Deus non potest facere, quod praeteritum non fuerit, nam hoc etiam contradictorium includit . . . Sunt etiam quaedam, quae repugnant rationi entis facti inquantum hujusmodi, quae etiam Deus facere non potest, nam omne, quod facit Deus, oportet esse factum. Ex hoc autem patet, quod Deus non potest facere Deum . . . Eadem etiam ratione non potest Deus facere aliquid aequale sibi etc. Summ. theolog. I qu. 7 artic. 2. Sicut ergo Deus, licet habeat potentiam infinitam, non tamen potest facere aliquid non factum (hoc enim esset contradictoria esse simul), ita non potest facere aliquid infinitum simpliciter.

einigung von Gegensätzen in demselben Augenblick und in demselben Subjekt, die Umbildung der Principien, ich meine damit die Umwandlung der Substanz in ein Accidens und des Accidens in eine Substanz, oder die Existenz einer körperlichen Substanz ohne ein Accidens, alles dies gehört für jeden Denker zur Kategorie des Unmöglichen. Ebenso ist es unmöglich, dass Gott seinesgleichen in's Dasein rufe, oder dass er sich selber nichtexistirend mache, oder dass er sich verkörpere, oder dass er sich verändere.... Ebenso werden die Philosophen sagen, dass es in den Bereich des Unmöglichen gehöre, ein Viereck hervorzubringen, dessen Diagonale seiner Seite gleich sei, oder einen körperlichen Winkel, der von vier rechten ebenen Winkeln umgeben wäre oder ähnliche Dinge. Mancher aber, der keine Mathematik versteht und von diesen Dingen nur die blossen Worte kennt, ohne die Idee davon zu erfassen, wird es für möglich halten" [1]).

Endlich lehrt Thomas in Uebereinstimmung mit Maimonides, dass von Gott alle Passionen oder Affektionen, wie Trauer, Schmerz, Hoffnung, Furcht, Reue, Neid und Zorn auszuschliessen seien [2]). Von allen Affektionen, die bei den Menschen angetroffen werden, so führt Thomas weiter aus, können Gott im eigentlichen Sinne nur die Freude und die Liebe beigelegt werden [3]), aber auch diese nicht, insofern sie, wie es bei uns der Fall ist, ein Leiden in sich schliessen. Alle anderen Affektionen, die in der heiligen Schrift von Gott ausgesagt werden, sind von ihm nicht im eigentlichen, sondern im metaphorischen Sinne zu verstehen, nämlich mit Beziehung auf die Aehnlichkeit der Wirkungen oder auf die beiden erwähnten Affektionen. Auch bei den Menschen kann ja dieselbe Wirkung, die bei dem Einen irgendeine tadelnswerthe Leidenschaft zu ihrer Quelle hat, von dem Willen eines Anderen aus dem Gesichtspunkt der Weisheit beabsichtigt werden. So straft der Richter aus Gerechtigkeit, wie der Zornige aus Zorn straft. In diesem Sinne wird Gott zuweilen als zornig bezeichnet, insofern er nämlich vom Gesichtspunkt seiner Weisheit aus Jemanden bestrafen will; er wird mitleidig genannt, insofern er, von seinem Wohlwollen geleitet, die Menschen von ihren Leiden befreit, wie wir das-

---

1) More III Cap. 15 (Guide III S. 104—107). Vgl. das. I Cap. 75 (Guide I S. 443—448), II Cap. 13 (Guide II S. 107—108). Ueber die gleichlautende Lehre Saadia's vgl. Guttmann Die Religionsphilosophie des Saadia S. 129.
2) Contra Gentil. I Cap. 89. Vgl. More I Cap. 35. 36. 55.
3) Das hängt wohl mit der Begründung der Trinitätslehre zusammen. Vgl. Stöckl II S. 533 f.

selbe unter der Einwirkung des Affekts des Mitleids thun[1]). Während aber die Tugenden, die mit den genannten Affektionen im Zusammenhang stehen, auf Gott entweder im eigentlichen oder im metaphorischen Sinne Anwendung finden, dürfen die Tugenden, die sich auf die Neigung zu gewissen sinnlichen Freuden beziehen, wie z. B. die Nüchternheit, die Keuschheit, die Mässigkeit und ähnl., Gott überhaupt nicht beigelegt werden, weil diese sinnlichen Freuden von Gott ganz und gar auszuschliessen sind. Sie werden deshalb in der heiligen Schrift auch nicht einmal in metaphorischem Sinne von Gott ausgesagt [2]).

---

1) Contra Gentil. I Cap. 91. Sciendum tamen etiam alias affectiones, quae secundum speciem suam divinae perfectioni repugnant, in sacra scriptura de Deo dici non quidem proprie, ut probatum est, sed metaphorice propter similitudinem vel effectuum vel alicujus affectionis praecedentis. Dico autem effectuum, quia interdum voluntas ea sapientiae ordine in illum effectum tendit, in quem aliquis ex passione defectiva inclinatur. Iudex enim ex justitia punit sicut et iratus ex ira. Deus enim aliquando dicitur iratus, inquantum ex ordine suae sapientiae aliquem vult punire, secundum illud Ps. 2: Quum exarserit in brevi ira ejus. Misericors vero dicitur, inquantum ex sua benevolentia miserias hominum tollit, sicut et nos propter misericordiae passionem facimus idem (vgl. More I Cap. 54 Guide I S. 217 f.; More III Cap. 53 Guide III S. 454 f.; Jehuda ha-Lewi Kosari II, 2). — Thomas schliesst das Kapitel mit den Worten: Ex praedictis autem excluditur error quorundam Iudaeorum attribuentium Deo iram, tristitiam, poenitentiam et omnes hujusmodi passiones secundum proprietatem, non distinguentes, quid in scripturis sacris proprie et quid metaphorice dicatur. Vermuthlich denkt er hierbei an die anthropomorphistische Auffassung des Bibelwortes, die von Maimonides an zahlreichen Stellen bekämpft wird (vgl. More I Cap. 1. 5. 26. 35 u. a. O.).

2) Contra Gentil. I Cap. 92. Passionum autem, circa quas virtutes sunt, quaedam sunt secundum inclinationem appetitus in aliquod corporale bonum, quod est delectabile secundum sensum, sicut sunt cibi et potus et venerea, circa quorum concupiscentias est sobrietas, castitas et universaliter temperantia et continentia. Unde quia corporales delectationes omnino a Deo remotae sunt, virtutes praedictae nec proprie Deo conveniunt, cum circa passiones sint, nec etiam metaphorice dicuntur in scripturis, quia nec est accipere similitudinem ipsarum in Deo secundum similitudinem alicujus effectus. Summ. theolog. I qu. 21 artic. 3. Bei Maimonides heisst es (More I Cap. 47 Guide I S. 168): „Wir haben bereits mehrere Mal bemerkt, dass alles das, wovon das Volk glaubt, dass es eine Unvollkommenheit oder mit der Vorstellung von Gott nicht vereinbar sei, die prophetischen Bücher Gott auch nicht metaphorisch beigelegt haben ... Dieses vorausgeschickt, ist es nöthig, dass wir eine Erklärung dafür geben, warum man Gott metaphorisch das Gehör, das Gesicht und den Geruch beigelegt hat, während man ihm den Geschmack und den Tastsinn nicht beigelegt hat." Vgl. More I Cap. 26. 46 (Guide I S. 89. 164).

3. Die Lehre von der Schöpfung.

Als eine der originellsten Leistungen in der jüdischen Religionsphilosophie darf wohl die Lehre des Maimonides von der Weltschöpfung bezeichnet werden. Die Kluft zwischen der Weltanschauung der Bibel und den Lehren der griechischen Philosophie, in's Besondere des Aristoteles, erwies sich in diesem Punkte als so unüberbrückbar, dass hier der Versuch, durch irgendwelche Interpretationskünste einen Ausgleich zwischen beiden herzustellen, von vornherein als völlig aussichtslos musste aufgegeben werden [1]). Umso dringender musste Maimonides sich zu einer Auseinandersetzung mit den kosmologischen Theorieen der „Philosophen" angetrieben fühlen, um ihnen gegenüber durch eine selbständige Erfassung des ganzen Problems zu einer Rechtfertigung der biblischen Schöpfungslehre zu gelangen. In der Lösung dieser Aufgabe konnte die spekulative Begabung und die Originalität des jüdischen Denkers sich umso freier entfalten, als bisher ein ähnlicher Versuch weder von den Arabern, die sich in der Schöpfungslehre auf den Boden der Emanationstheorie gestellt hatten, noch auch von seinen jüdischen Vorgängern war unternommen worden [2]). Es ist daher leicht begreiflich, dass die Vertreter der christlichen Scholastik im dreizehnten Jahrhundert, vor dieselbe Schwierigkeit gestellt, sich der Schöpfungslehre des Maimonides mit besonderer Vorliebe bemächtigt und deren Ergebnisse sich fast rückhaltslos angeeignet haben [3]). Wie weit dies von Thomas von Aquino geschehen sei, soll die folgende Untersuchung zeigen.

Schon in den die Darstellung der eigentlichen Schöpfungslehre vorbereitenden Kapiteln der Summa contra Gentiles tritt uns der Einfluss des Maimonides in prägnantester Weise ent-

---

1) Vgl. jedoch die interessante Ausführung des Maimonides More II Cap. 25 Anfang.
2) Saadia giebt im ersten Abschnitt seines Emunoth we-Deoth wohl eine scharfsinnige Kritik griechischer und orientalischer Schöpfungstheorieen, aber keine eigene die sich hierbei erhebenden Schwierigkeiten philosophisch überwindende Theorie. Ueber Abraham ibn Daud's Stellung zur Schöpfungslehre vgl. Guttmann Die Religionsphilosophie des Abraham ibn Daud aus Toledo (Göttingen 1879) S. 43 f.
3) Vgl. über Alexander von Hales Guttmann in der Revue des Études Juives XIX S. 231 und über Albertus Magnus Joël Verhältniss etc. S. 18.

gegen. So ist gleich das erste der Argumente, die Thomas für den Satz, dass Gott nicht durch Naturnothwendigkeit wirke, anführt, den Maimonides entnommen [1]). Das Kapitel, in dem Thomas zu beweisen sucht, dass Gott durch seine Weisheit wirke, schliesst mit den folgenden Worten: „Dadurch aber wird der Irrthum Mancher ausgeschlossen, die behaupteten, dass Alles vom einfachen Willen Gottes abhänge ohne irgend einen Grund". Damit ist eine Lehre der Ascharija, einer Sekte der Mutakallimun, gemeint, die Thomas unzweifelhaft aus dem Führer des Maimonides kennen gelernt hat [2]).

Wie Maimonides, so leitet auch Thomas seine Darstellung mit einer Wiedergabe der Beweise ein, die von den Gegnern für die Ewigkeit der Welt erbracht worden seien. Unter diesen Beweisen unterscheidet er, auch hierin dem Maimonides folgend, solche, die von der Natur Gottes ausgehen, und solche, die von der Natur der Geschöpfe oder auch von der menschlichen Vernunft ausgehen [3]). Als von der Natur Gottes ausgehende Beweise führt Thomas neben einigen anderen, die er vermuthlich aus andern Quellen geschöpft hat, die drei letzten Beweise bei Maimonides an, die dieser als von den Nachfolgern

---

1) Contra Gentil. I Cap. 23. Ex hoc autem ostenditur, quod Deus agit in creaturas non ex necessitate naturae, sed per arbitrium voluntatis. Omnis enim agentis per necessitatem naturae virtus determinatur ad unum effectum, et inde est, quod omnia naturalia semper eveniunt eodem modo, nisi sit impedimentum, non autem voluntaria. Divina virtus autem non ordinatur ad unum effectum tantum, ut supra ostensum est. Deus igitur non agit per necessitatem naturae sed per voluntatem. Vgl. More II Cap. 22 (Guide II S. 174 III): „Jeder Wirkende, der mit Absicht und Willen und nicht durch seine Natur wirkt, kann verschiedene und zahlreiche Wirkungen ausüben".

2) Contra Gentil. I Cap. 24. Vgl. Ibidem I Cap. 29 ad finem. An einer anderen Stelle, wo die loquentes oder Mutakallimun ausdrücklich genannt werden, weist Thomas selbst auf Maimonides hin. Contra Gentil. III Cap. 97: Sic igitur per praemissa duplex error excluditur, eorum scilicet, qui credunt, quod omnia simplicem voluntatem sequantur absque ratione, qui est error loquentium in lege Sarracenorum, ut Rabbi Moyses dicit, secundum quod nulla differentia est, quod ignis calefaciat et infrigidet, nisi quia Deus ita vult. Vgl. More I Cap. 73 (Guide I S. 388 VI) III Cap. 25 (Guide III S. 198—199).

3) More II Cap. 14 (Guide II S. 118): „Dies sind die Hauptmethoden, deren Aristoteles sich bedient, um die Ewigkeit der Welt zu beweisen, indem er zum Ausgangspunkt die Welt selber nimmt. Es giebt jedoch noch einige andere Methoden, die von seinen Nachfolgern erwähnt werden und die sie aus seiner Philosophie gezogen haben, wo sie die Ewigkeit der Welt beweisen, indem sie Gott zum Ausgangspunkt nehmen".

des Aristoteles herrührend bezeichnet [1]). Unter den von der

---

[1] Wir stellen hier die Beweise bei Thomas und bei Maimonides, die letzteren der Kürze wegen in der zusammenfassenden Darstellung Joël's (Die Religionsphilosophie des Mose ben Maimon S. 15) einander gegenüber. Contra Gentil. II Cap. 32 (Rationes probare volentium aeternitatem mundi ex parte Dei acceptae). 2. Adhuc effectus procedit a causa agente per actionem ejus, sed actio Dei est aeterna, alias fieret de potentia agente actu agens et oporteret, quod reduceretur in actum ab aliquo priori agente actu, quod est impossibile. Ergo res a Deo creatae ab aeterno fuerunt. 3. Amplius posita causa sufficienti necesse est effectum poni, si enim adhuc posita causa non necesse est effectum poni, possibile igitur erit causa posita effectum esse et non esse, consecutio igitur effectus ad causam erit possibilis tantum. Quod autem est possibile, indiget aliquo, quo reduceretur ad actum etc. Maimonides V: Hat Gott die Welt geschaffen, so hat in ihm selbst ein Uebergang von Möglichkeit zur Wirklichkeit stattgefunden, und man müsste wieder eine Kraft suchen, die diesen Uebergang bewerkstelligt hat. Thomas Ibidem. 4. Item agens per voluntatem non retardat suum propositum exequi de aliquo faciendo nisi propter aliquid in futurum exspectatum, quod nondum adest, et hoc quandoque est in ipso agente, sicut cum exspectatur perfectio virtutis ad agendum aut sublatio alicujus impedientis virtutem, quandoque vero extra agentem, sicut cum exspectatur praesentia alicujus, coram quo actio fiat, vel saltem cum exspectatur praesentia alicujus temporis opportuni, quod nondum adest . . . . Constat autem, quod quicquid Deus nunc vult, quod sit, ab aeterno voluit, quod sit, non enim novus motus voluntatis ei advenire potest, nec aliquid defectus vel impedimentum potentiae ejus adesse potuit, vel aliquid aliud exspectare potuit ad universalis creaturae productionem, cum nihil aliud sit increatum nisi ipse solus, ut supra ostensum est. Necessarium igitur videtur, quod ab aeterno creaturam in esse produxerit. Maimonides VI: Soll Gott einmal gewirkt haben und ein anderes Mal nicht, so müssen Störungen sein Wirken gehindert oder neu Eingetretenes sein Wollen impellirt haben, was Beides auf Gott keine Anwendung findet. Thomas Ibidem 7. Adhuc cum bonitas divina perfectissima sit, non hoc modo dicitur, quod omnia a Deo processerunt propter bonitatem ejus, ut ei aliquid ex creaturis accresceret, sed quia bonitatis est, ut seipsum communicet, prout possibile est, in quo bonitas manifestatur. Cum autem omnia bonitatem Dei participent, inquantum habent esse, secundum quod diuturniora sunt, magis bonitatem Dei participant. Unde et esse perpetuum speciei dicitur divinum esse, bonitas autem divina infinita est. Ejus igitur est, ut se in infinitum communicet non aliquo determinato tempore tantum. Hoc igitur videtur ad divinam bonitatem pertinere, ut creaturae aliquae ab aeterno fuerint. Maimonides VII: Die vorhandene Welt ist im höchsten Grade vollkommen und als solche ein Produkt der göttlichen Weisheit. Da nun Gottes Weisheit als unveränderlich dieselbe und als identisch mit seinem Wesen angenommen werden muss, so kann die Welt zu keiner Zeit als nicht existirt habend angenommen werden. — Joël (a. a. O. S. 14 Anmerk. 4) verweist auf die Antithesen des Proklus bei Schahrestani (deutsch von Haarbrücker II S. 199 f.), unter denen in der That sich einige den hier angeführten ähnliche Argumente finden.

Natur der Geschöpfe oder der menschlichen Vernunft ausgehenden Beweisen führt Thomas die vier ersten Beweise bei Maimonides an, die von diesem dem Aristoteles beigelegt werden [1]). Maimonides schliesst seine Darstellung mit der Be-

---

1) Contra Gentil. II Cap. 33 (Rationes ex parte creaturarum sumptae). I. Sunt autem et alia ex parte creaturarum accepta, quae idem ostendere videntur. Quae enim non habent potentiam ad non esse, impossibile est ea non esse. Quaedam autem sunt in creaturis, in quibus non est potentia ad non esse, non enim potest esse potentia ad non esse nisi in illis, quae habent materiam contrarietati subjectam.... Sed quaedam creaturae sunt, in quibus non est materia contrarietati subjecta, vel quia omnino non habent materiam sicut substantiae intellectuales, ut infra ostendetur, vel non habent contrarium sicut corpora coelestia, quod eorum motus ostendit, qui contrarium non habet. Quasdam igitur creaturas impossibile est non esse, ergo eas necesse est semper esse. Maimonides III: In der Materie der gesammten himmlischen Sphäre existirt keine Art von Gegensätzlichkeit, da die Kreisbewegung nichts Gegensätzliches hat, die Gegensätzlichkeit vielmehr nur bei der geraden Bewegung stattfindet. Nun hat aber Alles, was vergeht, als Ursache seines Vergehens nur die Gegensätzlichkeit, die in ihm vorhanden ist. Da aber in der Himmelssphäre keine Gegensätzlichkeit ist, so vergeht sie auch nicht, und Alles, was nicht vergeht, ist auch nicht entstanden u. s. w. Thomas Ibidem 3. Adhuc quandoque aliquid de novo incipit moveri, oportet, quod movens vel motum vel utrumque aliter se habeat nunc, quando est motus, quam prius, quando non erat motus ... Quod autem aliter se habet nunc quam prius, movetur, ergo oportet ante motum, qui de novo incipit, alium motum praecedere in mobili vel in movente. Oportet igitur, quod quilibet motus vel sit aeternus, vel habeat alium motum ante; motus igitur semper fuit, ergo et mobilia et sic creaturae semper fuerunt. Maimonides I: Der Phys. VIII, 1 entwickelte Beweis, der von der Bewegung hergenommen ist und nach welchem immer schon eine Bewegung vor der ersten Bewegung angenommen werden müsste, mag übrigens Bewegendes und Bewegtes schon als vorhanden oder auch nicht angenommen werden. Contra Gentil. II cap. 34 (Rationes sumptae ex parte rationis) 1. Si igitur aliquid est factum, oportet ex aliquo esse factum, quod si etiam factum sit, oportet etiam et hoc ex alio fieri. Non potest autem hoc in infinitum procedere, quia sic nulla generatio compleretur. Oportet igitur devenire ad aliquod primum, quod non sit factum etc. Maimonides II: Der Phys. I, 6—10 ausführlich behandelte Beweis, der von der alten Frage nach der Möglichkeit des Werdens ausgeht und dieses nur unter Voraussetzung einer unentstandenen Materie zu erklären weiss. Thomas Ibidem. 3. Adhuc omne, quod de novo esse incipit, antequam esset, possibile erat ipsum esse, si enim possibile non erat ipsum esse, necesse erat non esse, et sic semper fuisset non ens et nunquam esse incepisset, sed quod est possibile esse, est subjectum potentia ens. Oportet igitur ante quodlibet de novo incipiens praeexistere subjectum potentia ens, et cum hoc in infinitum producere non possit, oportet ponere aliquod primum subjectum, quod non inceperit esse de novo. Maimonides IV: Der von dem Begriff des

merkung, dass man sich für die Lehre von der Ewigkeit der Welt auch auf die zu allen Zeiten und unter allen Völkern herrschende Uebereinstimmung berufen habe, indem man darin einen Beweis zu erblicken glaubte, dass es sich hier um eine natürliche und nicht blos hypothetische Sache handele [1]). Auch diese Bemerkung findet sich bei Thomas von Aquino [2]). Den Beweisen für die Ewigkeit der Schöpfung stellt Thomas die Beweise gegenüber, die von anderer Seite für die Zeitlichkeit der Schöpfung erbracht worden seien. Es sind dies im Wesentlichen die aus Maimonides bekannten kalamistischen Beweise, deren Kenntniss selbstverständlich auch Thomas dem Maimonides zu verdanken hat [3]). Auch in seiner Beurtheilung dieser Beweise stimmt er mit Maimonides überein. Ebensowenig wie dieser will Thomas diese Beweise als stringent gelten lassen; auch er ist vielmehr der Meinung, dass eine solche Art der Beweisfüh-

---

potentiell Vorhandenen ausgehende Beweis, der nicht von Aristoteles selbst, sondern nur aus aristotelischen Daten formulirt ist. Die Welt vor ihrem Entstehen, so lautet er, müsste entweder möglich oder unmöglich oder nothwendig gewesen sein. Wäre ihr Entstehen nothwendig gewesen, so wäre ihr Nichtvorhandensein zu irgendeiner Zeit undenkbar; wäre ihr Entstehen unmöglich, so wäre ihr Dasein zu irgendeiner Zeit undenkbar; wäre endlich ihr Entstehen möglich, so müsste es einen Träger dieser Möglichkeit gegeben haben u. s. w.
1) More II cap. 14 (Guide II S. 121).
2) Contra Gentil. II Cap. 34 Anf. Possunt autem sumi aliae rationes ex parte ipsius factionis ad idem ostendendum. Quod enim ab omnibus dicitur, impossibile est totaliter esse falsum .... Communis autem sententia est omnium philosophorum: ex nihilo nihil fieri, oportet igitur esse verum.
3) Contra Gentil. II Cap. 38. 3. Adhuc quia infinita non est transire, si autem mundus semper fuisset, essent jam infinita pertransita, quia quod praeteritum est, pertransitum est. Sunt autem infinitae dies vel circulationes praecteritae solis, si mundus semper fuit. 5. Amplius sequitur, quod in causis efficientibus sit procedere in infinitum, si generatio fuit semper, quod oportet dicere mundo semper existente, nam filii causa est pater et hujus alius et sic in infinitum (vgl. Maimonides More I Cap. 74 2. Beweis). Thomas Ibidem. 6. Rursus sequitur, quod sint infinita, scilicet infinitorum hominum praeteritorum animae immortales (vgl. Maimonides das. 7. Beweis). Gegen diesen letzten Beweis erhebt Thomas den Einwand: Quod autem de animabus objicitur, difficilius est, sed tamen ratio non est multum utilis, quia multa supponit. Quidam namque aeternitatem mundi ponentium posuerunt etiam humanas animas non esse post corpus etc. Damit reproducirt Thomas wiederum eine Bemerkung des Maimonides. More I Cap. 74 (Guide I S. 432): „Das ist eine sehr sonderbare Methode, die eine dunkle Sache vermittelst einer noch viel dunkleren beweist; darauf lässt sich mit Recht das bei den Syrern (Talmudisten) verbreitete Sprüchwort anwenden: dein Bürge bedarf selbst eines Bürgen" u. s. w.

rung wegen der Sophismen, deren sie sich bediene, dem Glauben eher schädlich als nützlich sei [1]). Wie Maimonides, so ist auch Thomas der Ansicht, dass die Zeitlichkeit der Schöpfung überhaupt mehr eine Sache des Glaubens sei, als dass sich ein zwingender Beweis für sie erbringen liesse [2]). Allein ebensowenig wie die Zeitlichkeit der Schöpfung kann die Ewigkeit der Schöpfung bewiesen werden. Auch Aristoteles, so führt Thomas ganz in Uebereinstimmung mit Maimonides aus, war sich dessen wohl bewusst und er hat es offen ausgesprochen, dass die von ihm für die Ewigkeit der Schöpfung beigebrachten Argumente als Argumente im eigentlichen Sinne nicht zu betrachten seien. Im achten Buch der Physik und im ersten Buch der Schrift De coelo stellt Aristoteles seine Gründe nur denen des Anaxagoras, des Empedokles und des Platon gegenüber, ohne sie jedoch für wirkliche Beweise ausgeben zu wollen. Ueberall

---

1) Contra Gentil. II Cap. 38. Has autem rationes, quia usquequaque non de necessitate concludunt, licet probabilitatem habeant, sufficit tangere solum, ne videatur fides catholica in vanis rationibus constituta et non potius in solidissima Dei doctrina, et ideo conveniens videtur ponere, qualiter obvietur eis per eos, qui aeternitatem mundi posuerunt. More II Cap. 16 (Guide II S. 128): „Ich behaupte in Bezug auf Alles, was diejenigen unter den Mutakallimun vorbringen, die die Erschaffenheit der Welt bewiesen zu haben vermeinen, dass ich diese Beweise nicht annehme und dass ich mich nicht selber täuschen will, indem ich sophistische Methoden mit dem Namen von Beweisen schmücke. Wenn Jemand vorgiebt, eine bestimmte Frage durch Sophismen bewiesen zu haben, so stärkt er meiner Ansicht nach durchaus nicht den Glauben an diese Sache, um die es sich handelt, sondern im Gegentheil, er schwächt ihn und giebt Veranlassung, die Sache zu bestreiten, denn indem die Nichtigkeit dieser Beweise sich offenbart, weigert sich die Seele, dasjenige zu glauben, was man zu beweisen versucht hat". — Dieselbe Stellung zu den kalamistischen Beweisen nimmt auch Albertus Magnus ein (vgl. Joël Verhältniss etc. S. 20), was Werner (I S. 375 f.) nicht erkannt hat, da er diese Beweise, deren Herkunft ihm gleichfalls unbekannt geblieben ist, im Namen Albert's vorträgt und sie als solche von Thomas widerlegen lässt.

2) Summ. theolog. I qu. 46 artic. 2. Respondeo dicendum, quod mundum non semper fuisse sola fide tenetur et demonstrative probari non potest . . . Ex hoc utile est, ut consideretur, ne forte aliquis, quod fidei est, demonstrare praesumens demonstrationes non necessarias inducat, quae praebeant materiam irridendi infidelibus existimantibus nos propter hujusmodi rationes credere, quae fidei sunt. Quodlibet III artic. 31. Vgl. die in voriger Anmerkung angeführte Stelle aus More II Cap. 16, an die sich unmittelbar der folgende Satz anschliesst: „Es ist immer noch besser, dass die Sache, für die man keinen Beweis hat, einfach im Stande der Frage bleibe oder dass man eine der beiden einander entgegengesetzten Seiten (Ueberlieferungsgemäss) annehme".

beruft er sich für seine Ansicht auf die Zeugnisse der Alten, was man gewöhnlich nur dann zu thun pflegt, wenn man mehr überreden als überzeugen will. Endlich zählt Aristoteles selbst die Frage, ob die Welt ewig sei oder nicht, zu den dialektischen Problemen, für die es keine Beweise gebe [1]).

---

1) Summ. theolog. I qu. 46 artic. 1. Non est necessarium mundum semper esse, unde nec demonstrative probari potest. Nec rationes, quas ad hoc Aristoteles inducit, sunt demonstrative simpliciter sed secundum quid, sive ad contradicendum rationibus antiquorum ponentium mundum incipere secundum quosdam modos in veritate impossibiles. Et hoc apparet in tribus. Primo quidem, quia tam in 8 Physic. quam in 1 de caelo praemittit quasdam opiniones, ut Anaxagorae, Empedoclis et Platonis, contra quos rationes contradictorias inducit. Secundo quia ubicunque de hac materia loquitur, inducit testimonium antiquorum, quod non est demonstratoris sed probabiliter persuadentis. Tertio quia expresse dicit in primo libro Topicorum, quod quaedam sunt problemata dialectica, de quibus rationes non habemus, ut utrum mundus sit aeternus. Dies stimmt genau mit den Ausführungen des Maimonides überein. More ll Cap. 15 (Guide II S. 121) beginnt mit folgenden Worten: „Meine Absicht in diesem Kapitel ist, auseinanderzusetzen, dass Aristoteles seiner eigenen Ansicht nach keinen Beweis für die Ewigkeit der Welt habe. Er täuscht sich selber darüber nicht, ich will damit sagen, dass er selber weiss, dass er keinen Beweis dafür habe und dass die Argumente und Gründe, die er anführt, nur der Art sind, dass sie die meiste Wahrscheinlichkeit haben und dass die Seele sich am Meisten ihnen zuneigt". Dann werden von Maimonides die drei von Thomas erwähnten Momente ausführlich dargelegt. In ähnlicher Weise wie in der Summa theologiae spricht sich Thomas auch in dem Kommentar zu den Sentenzen aus (III dist. 1 qu. 1 artic. 5): Dico ergo, quod ad neutram partem quaestionis sunt demonstrationes, sed probabiles vel sophisticae rationes ad utrumque. Et hoc significant verba philosophi dicentis primo Topic. cap. 8, quod sunt quaedam problemata, de quibus rationem non habemus, ut utrum mundus sit aeternus. Unde hoc ipse demonstrare nunquam intendit, quod patet ex ejus modo procedendi, quia ubicunque hanc quaestionem pertractat, semper adjungit aliquam persuasionem vel ex opinione plurium, vel approbatione rationum, quod nullo modo ad demonstrationem pertinet. Vgl. auch Quaest. disput. De potentia Dei qu. 3 artic. 17. Auffallender Weise lehnt jedoch Thomas in seinem Kommentar zur Physik des Aristoteles, der aber vielleicht einer früheren Periode seiner schriftstellerischen Thätigkeit angehört, diese Auffassung mit Entschiedenheit ab. Comment. in Phys. VIII lect. 2. Quidam vero, frustra conantes Aristotelem ostendere non contra fidem locutum esse, dixerunt, quod Aristoteles non intendit hic probare quasi verum, quod motus est perpetuus, sed inducere rationem ad utramque partem quasi ad rem dubiam, quod ex ipso modo procedendi frivolum apparet. Et praeterea perpetuitate temporis et motus quasi principio utitur ad probandum primum principium esse et in hoc (Physic.) 8 et 3 Metaph., unde manifestum est, quod supponat hoc quasi probatum. Vgl. auch Comment. in Metaph. XII lect. 5.

Den Grundirrthum, dessen die Anhänger der Lehre von der Ewigkeit der Welt sich schuldig machten, erblickt Thomas unter ausdrücklicher Berufung auf Maimonides darin, dass sie die Gesetze, die nur auf das Sein der Dinge oder auf die bereits gewordenen Dinge anwendbar sind, auch auf das Werden der Dinge glaubten ausdehnen zu dürfen, während doch die Natur der Dinge in Wahrheit eine ganz andere in ihrem Werden als in ihrem Sein ist¹). So ist z B. die Natur des Menschen eine andere nach seiner Geburt, als wie sie im Mutterleibe war. Wenn daher Jemand von dem Zustand des bereits geborenen Menschen einen Schluss ziehen wollte auf den Zustand, in dem er sich befand, als er noch im Mutterleibe war, so würde er dadurch in die grössten Irrthümer gerathen, wie Rabbi Moyses von einem Knaben erzählt, dem, als er wenige Monate alt war, seine Mutter starb und der dann auf einer einsamen Insel erzogen wurde. Als dieser nun, nachdem er herangewachsen war, Jemanden fragte, ob und in welcher Weise die Menschen entstanden seien, und der Gefragte ihm den Hergang der Entstehung des Menschen darlegte, erklärte der Knabe dies für unmöglich, weil der Mensch, wenn er nicht athme und keine Nahrung zu sich nehme und die Exkremente nicht ausscheide, auch nicht einen Tag leben könne; es sei darum unmöglich, dass er neun Monate lang im Mutterleibe habe leben können. Denselben Irrthum begehen auch diejenigen, die aus der Art, wie die Dinge in der bereits geschaffenen Welt entstehen, die Nothwendigkeit oder Unmöglichkeit eines Anfangs der Welt beweisen wollen ²).

---

1) Vgl. z. B. Quaest. disput. De veritate qu. 13 artic. 1: Uni enim et eidem rei est aliquid contra naturam et secundum naturam secundum ejus status diversos eo, quod non est eadem natura rei, dum est in fieri et dum est in perfecto esse, ut dicit Rabbi Moyses.
2) Comment. in Sent. II dist. 1 qu. 1 artic. 5. Causa autem, quare demonstrari non potest, est ita: quia variatur, secundum quod est in esse perfecto et secundum quod est in primo suo fieri, secundum quod exit a causa, sicut alia natura est hominis jam nati et ejus, secundum quod adhuc est in materno utero. Unde si quis ex conditionibus hominis nati et perfecti vellet argumentari de conditionibus ejus, secundum quod imperfectus in utero matris existens, deciperetur, sicut narrat Rabbi Moyses de quodam puero, qui mortua matre, cum esset paucorum mensium, et nutritus fuisset in quadam insula solitaria perveniens ad annos discretionis quaesivit a quodam an homines essent facti et quomodo, cui cum exponeret ordinem nativitatis humanae, objecit puer hoc esse impossibile asserens, quia homo, nisi respiret et comedat et superflua expellat, nec per unum diem vivere potest, unde nec in utero matris per novem menses vivere potest. Similiter errant, qui ex modo fiendi res in mundo jam perfecto volunt necessitatem vel impossibilitatem inceptionis mundi osten-

Auch in der Widerlegung der einzelnen für die Ewigkeit der Schöpfung gegebenen Beweise, deren an einer Stelle nicht weniger als dreissig vorgeführt und auf ihre Richtigkeit geprüft werden [1]), ist Thomas von Aquino vielfach dem Maimonides gefolgt. Wir begnügen uns, die wesentlicheren Momente daraus hervorzuheben. Wenn man sich für die Lehre von der Ewigkeit der Welt darauf berufen hat, dass allem Werden und Entstehen eine Materie zu Grunde liege, und daraus den Schluss gezogen hat, dass auch der Schöpfung der Welt eine Materie müsse vorausgegangen sein, aus der die Welt entstanden sei, so hat man auch hier den Fehler begangen, die Bedingungen, denen das Werden und Entstehen der einzelnen Dinge unterliegt, auch auf das Werden des ganzen Universums zu übertragen [2]). Ebenso wird bei dem Beweise, der davon ausgeht, dass die Verwirklichung der Schöpfung, wie die eines jeden entstehenden Dinges eine ihr vorausgehende Möglichkeit, also eine ewige Materie voraussetze, die potentia passiva des bereits Geschaffenen unberechtigter Weise mit der potentia activa des Schöpfers identificirt [3]). Behauptet man, da Gott immer derselbe ist und wegen

dere. Vgl. auch De articulis fidei et ecclesiae sacramentis artic. 3. Dieselbe Ausführung mit dem Gleichniss des Maimonides (More II Cap. 17 Guide II S. 130 f.) findet sich auch bei Albertus Magnus (vgl. Joël Verhältniss S. 24).

1) Quaest. disput. De potentia Dei qu. 3 artic. 17. Vgl. Werner I S. 380 f.

2) Contra Gentil. II Cap. 14. Adhuc unaquaeque materia per formam superinductam contrahitur ad aliquam speciem, operari ergo ex materia praejacente superinducendo formam quocunque modo est agentis ad aliquam determinatam speciem. Tale autem agens est agens particulare, causae enim causatis proportionales sunt. Agens igitur, quod requirit ex necessitate materiam praejacentem, ex qua operatur, est agens particulare. Deus autem est agens sicut causa universalis essendi, ut supra ostensum est, igitur ipse in sua actione materiam praejacentem non requirit. More II Cap. 17 (Guide II S. 133): „Die erste Materie, sagt er, ist nicht entstanden, noch wird sie untergehen, und indem er von den entstandenen und vergänglichen Dingen argumentirt, zeigt er, dass es unmöglich sei, dass sie entstanden sei. Und dies ist wahr. Denn wir behaupten nicht, dass die erste Materie sich gebildet habe, wie sich der Mensch aus dem Samen bildet, noch dass sie untergehen müsse, wie der Mensch vergeht, indem er zum Staube wird; sondern wir behaupten im Gegentheil, dass Gott sie aus dem Nichts hervorgebracht habe und dass sie nach ihrer Hervorbringung so ist, wie sie ist; ich meine, dass jedes Ding sich aus ihr bildet und dass Alles, was aus ihr gebildet ist, vergehend zu ihr zurückkehrt."

3) Quaest. disput. De potentia Dei qu. 3 artic. 17 (Werner I S. 382—383). Vgl. More II Cap. 17 (Guide II S. 135 f.): „Wir behaupten dasselbe von der Möglichkeit, die Allem, was entsteht, vorausgehen muss, denn dies ist nur nothwendig in diesem bereits gegründeten Universum" u. s. w.

der Unbeschränktheit seiner Macht in seinem Wirken niemals gehindert werden kann, so muss er, was er einmal gethan hat, immerfort seit Ewigkeit gethan haben, so ist darauf zu erwiedern, dass in jeder Wirkung die Ursache sich abbilden muss. Die Welt als Produkt des göttlichen Willens muss daher in Bezug auf Dauer, räumliche Dislokation u. s. w. die Form des göttlichen Willens an sich tragen; daraus folgt, dass das Wann des Weltanfangs von der Disposition des göttlichen Willens abhänge [1]). Ein anderer Beweis lautet: Jedes Agens, das von Neuem zu wirken beginnt, setzt sich aus der Potentialität in die Aktualität über; dies kann jedoch bei Gott nicht statthaben, weil er unbeweglich ist. Allein auch dieser Beweis ist nicht stichhaltig, denn das vorgebrachte Argument gilt nur für eine Kraft, die einen Anfang hat, Gottes Thätigkeit aber ist ewig, weil sie mit seiner Substanz zusammenfällt. Das Neue ist hier nur die in die Zeit fallende Wirkung; der Anfang einer Thätigkeit bedeutet bei Gott soviel als eine neue Wirkung setzen gemäss einem seit Ewigkeit feststehenden Willensbeschluss [2]). Dieser Beweis trifft aber auch noch aus dem Grunde nicht zu, weil er einen Schluss, der nur auf ein in der Zeit wirkendes Agens anwendbar ist, auf Gott überträgt, der nicht in der Zeit wirkt, sondern zugleich mit der Welt auch die Zeit geschaffen hat [3]).

---

1) Quaest. disput. De potentia Dei qu. 3 artic. 17 (Werner I S. 382) vgl. More II Cap. 18 (Guide II S. 141 f). Auch die weitere Ausführung bei Maimonides, dass Gottes Wille im Unterschied vom menschlichen Willen auf keinen ausserhalb seiner selbst liegenden Zweck gerichtet sei und darum von den Dingen weder einen Antrieb zum Handeln empfange, noch eine Störung erleide, findet sich bei Thomas. Ibidem. Et ideo aliter dicendum est de productione unius particularis creaturae et aliter de actu totius universi a Deo. Quum enim loquimur de productione alicujus singularis creaturae, potest assignari ratio, quare talis est, ex aliqua alia creatura vel saltem ex ordine universi, ad quem quaelibet creatura ordinatur, sicut pars ad formam totius. Cum autem de toto universo loquimur educendo in esse, non possumus ulterius aliquod creatum invenire, ex quo possit sumi ratio, quare tale sit, vel tale. Unde cum nec etiam ex parte divinae potentiae, quae est infinita, nec divinae bonitatis, quae rebus non indiget, ratio determinatae dispositionis universi sumi posset, oportet, quod ejus ratio sumatur ex simplici voluntate producentis, ut si quaeramus, quare quantitas coeli est tanta et non major, non potest hujus ratio reddi nisi ex voluntate producentis. Vgl. auch More III Cap. 13 (Guide III S. 82 f.).
2) De potentia l. l. (Werner I S. 383). Vgl. More II Cap. 18 (Guide II S. 138). Die Widerlegung lautet hier bei Maimonides allerdings Etwas anders.
3) In dem Kommentar zum Liber de causis bekämpft Thomas die in diesem Buche vorgetragene Lehre, dass alles von der Intelligenz

So stellt das Endergebniss bei Thomas von Aquino sich genau ebenso wie bei Maimonides. Ein zwingender Beweis kann ebensowenig für die Zeitlichkeit wie für die Ewigkeit der Schöpfung geführt werden. Allein ist es der menschlichen Vernunft auch nicht gegeben, die Nothwendigkeit eines Weltanfangs beweisen zu können, so ist durch die Erschütterung der für die Ewigkeit der Welt erbrachten Beweise doch wenigstens soviel erreicht, dass die Möglichkeit eines Weltanfangs nicht mehr bezweifelt werden kann. Diese Möglichkeit aber wird durch den Glauben zur Gewissheit erhoben. Wir müssen uns, wie Maimonides ausführt, für die Zeitlichkeit der Schöpfung entscheiden, und zwar nicht sowohl im Hinblick auf die Stellen der heiligen Schrift, in denen diese Lehre zum Ausdruck gelangt, denn diese Bibelstellen würden allenfalls auch noch eine andere Auslegung zulassen, als vielmehr wegen des Widerspruchs, in den wir durch die Annahme der Weltewigkeit mit den wichtigsten Grundlehren der Religion gerathen würden [1]).

Ausgehende ewig sein müsse, weil dies unter anderen Konsequenzen auch zur Annahme von der Ewigkeit der Schöpfung führen würde. Es heisst daselbst lect. 11: Et sequeretur ulterius mundum semper fuisse. Haec enim videtur efficacissima ratio ponentium aeternitatem mundi, quae sumitur ex immobilitate factoris. Non enim videtur posse contingere, quod aliquid agens nunc incipiat operari, cum prius non operatus fuerit, si omnino immobiliter se habeat ... Et quia haec videtur efficacior ratio, qua utuntur ad probandum aeternitatem mundi, diligenter est hujus rationis solutio attendenda. Considerandum est igitur aliter loquendum esse de agente, quod producit aliquod in tempore, atque aliter de agente, quod producit tempus simul cum re, quae in tempore producitur ... Est enim aliquid, cujus substantia non est in tempore, sed operatio in tempore, ut infra docetur. Hujusmodi ergo agens absque aliqua sui mutatione effectum producit in tempore, qui prius non fuerat. Et sic etiam Deus aliquid potest producere in tempore de novo, quod prius non fuerat, secundum certam proportionem hujus effectus ad hoc tempus, sicut contingit in omnibus miraculosis effectibus, qui fiunt immediate a Deo ... Sed in universi productione hoc locum non habet, quia simul cum mundo temporis et motus productio fuit, nec fuit aliquod tempus praecedens motum, ad quem oportuit novitatem hujus effectus proportionari. sed solum ad rationem facientis, prout intellexit et voluit hunc effectum ab aeterno non fore sed incipere post non esse. Vgl. das. lect. 30. Die Geschaffenheit der Zeit lehrt auch Maimonides More II Cap. 13. 30 (Guide II S. 106. 231—234).
1) More II Cap. 25. 30 (Guide II S. 195 f. 234). Wenn Thomas Comment. in Sent. II dist. 2 qu. 1 artic. 3 die Bemerkung macht: quia, ut Rabbi Moyses dicit, facillima via ad ostendendum Deum esse et ab ipso esse omnia, est ex suppositione novitatis mundi, so hat er dabei wohl More II Cap. 31 (Guide II S. 258) im Auge, während Maimonides More I Cap. 71 (Guide I S. 349) sich gegen den von der Zeitlichkeit der Schöpfung hergenommenen Beweis für das Dasein Gottes ausspricht.

Wie in seiner spekulativen Auffassung der Schöpfungslehre, so zeigt sich bei Thomas die Abhängigkeit von Maimonides auch in seiner Erklärung des biblischen Schöpfungsberichts. So beruft er sich, um die Vierzahl der Elemente im Schöpfungsbericht der Bibel nachzuweisen, unter Anderem auf die Ansicht des Maimonides, dass unter der „Finsterniss" das Feuer zu verstehen sei [1]). Mit dem spiritus Domini (רוח אלהים Genes. I V. 2) sei vielleicht nicht der „Geist Gottes" gemeint, denn dieser könnte, weil mit dem Wesen Gottes identisch, nicht als über dem Wasser schwebend gedacht werden. Es mag vielmehr darunter die Luft oder der Wind zu verstehen sein, der, wie Maimonides sagt, deshalb als spiritus Domini bezeichnet wird, weil in der Schrift das Wehen der Winde gewöhnlich Gott zugeschrieben wird [2]). Beim zweiten Schöpfungstage heisst es nicht, wie bei den anderen Schöpfungstagen: „Und Gott sah, dass es gut sei", weil die Scheidung des Wassers an diesem Tage nur begonnen, aber erst am dritten Tage vollendet wurde, so dass dieser Zusatz beim dritten Schöpfungstage auf den zweiten mitzubeziehen sei. Vielleicht fehlt dieser Ausdruck der göttlichen Zustimmung beim zweiten Schöpfungstage auch aus dem Grunde, weil die an diesem Tage vollzogene Scheidung des Wassers den gewöhnlichen Menschen nicht so einleuchtend erscheint, oder auch deshalb, weil das Firmament, unter dem die nebelige Luft zu verstehen ist, nicht zu den bleibenden oder wesentlichen Bestandtheilen des Universums gehört. Alle drei Erklärungen sind, wie Thomas selber bemerkt, von Maimonides aufgestellt worden [3]). Auf die Frage, wie es beim dritten

---

1) Quaest. disput. De potentia Dei qu. 4 artic. 1; Comment. in Sent. II dist. 14 qu. 1 artic. 2; Summ. theolog. I qu. 66 artic. 1: Sed Rabbi Moyses in aliis cum Platone concordans dicit ignem significari per tenebras, quia, ut dicit, in propria sphaera ignis non lucet. Vgl. More II Cap. 30 (Guide II S. 236).
2) Summ. theolog. I qu. 74 artic. 3. Ad quartum dicendum, quod Rabbi Moyses per spiritum Domini intelligit aërem vel ventum, sicut et Plato intellexit, et dixit, quod dicitur spiritus Domini, secundum quod scriptura consuevit ubique flatum ventorum Deo attribuere. Vgl. More II Cap. 30 (Guide II S. 237).
3) Summ. theolog. Ibidem. In opere vero secundae diei non ponitur: vidit Deus, quod esset bonum, quia opus distinctionis aquarum tunc inchoatur et tertia die perficitur, unde quod ponitur tertia die, refertur etiam ad secundam. Vel quia distinctio, quae ponitur secunda die, est de his, quae non sunt manifesta populo, ideo hujusmodi approbationes scriptura non utitur. Vel iterum propter hoc, quod firmamentum simpliciter intelligitur aër nebulosus, qui non est de partibus permanentibus in universo, seu de partibus principalibus mundi. Et has tres rationes Rabbi Moyses ponit. Diese Ausführung, die auch

Schöpfungstage heissen könne, dass Gott das Trockene: „Erde" genannt habe, nachdem doch schon beim ersten Schöpfungstage gesagt sei, dass Gott den Himmel und die Erde geschaffen habe, antwortet Thomas, nachdem er zuerst die Erklärungen des Augustinus und des Basilius angeführt hat, mit Maimonides, dass überall, wo es in der Schrift heisse: „Gott nannte", damit eine Homonymie angedeutet werden solle. So sagt die Schrift z. B.: „Und Gott nannte das Licht: Tag", weil auch der Zeitraum von vierundzwanzig Stunden Tag genannt wird. Ebenso verhält es sich mit den Worten: „Und Gott nannte das Trockene: Erde". Hier ist der feste Boden im Gegensatz zum Meere gemeint, obgleich auch die Erdkugel im Ganzen, einschliesslich des mit Wasser bedeckten Theiles, mit dem Namen: Erde bezeichnet wird [1]). In gleicher Weise ist unter dem Himmel des ersten Schöpfungstages der Gestirnhimmel zu verstehen, dagegen unter dem am zweiten Schöpfungstage geschaffenen Firmamente der an die Erde grenzende Luftraum, der zwischen den Wassern und Wassern unterscheidet [2]).

Während Thomas dem Ausspruch des Maimonides, dass die Bewegung des Himmels im Universum der Bewegung des Herzens im thierischen Organismus zu vergleichen sei, an

---

Albertus Magnus in der Summa de creaturis benutzt hat (vgl. Joël Verhältniss S. 9 Anmerk. 1) findet sich More II Cap. 30 (Guide II S. 241 f.).

1) Summ. theolog. I qu. 69 artic. 1. Vel potest dici secundum Rabbi Moysem (ut jam supra), quod ubicunque dicitur: vocavit significatur aequivocatio nominis. Unde prius dictum est, quod vocavit lucem diem, propter hoc, quod etiam dies vocatur spatium vigintiquatuor horarum, secundum quod ibidem dicitur: Factum est vespere et mane dies unus. Similiter dicendum est, quod firmamentum, i. e. aërem, vocavit caelum, quia etiam caelum vocatur, quod est primo creatum. Similiter etiam dicitur, quod aridam (id est illam partem, quae est discooperta aquis) vocavit terram, prout distinguitur contra mare, quamvis communi nomine terra vocetur, sive sit aquis cooperta vel discooperta. Vgl. Comment. in Sent. II dist. 14 qu. 1 artic. 1. Maimonides More II Cap. 30 (Guide II S. 235—236) erklärt allerdings das ארץ des ersten Schöpfungstages als die Gesammtheit der vier Elemente, während beim dritten Tage das Erdelement allein gemeint sei.

2) Quaest. disput. De potentia Dei qu. 4 artic. 1. Alii vero dicunt, quod per coelum prima die factum intelligitur coelum sydereum, per firmamentum autem, quod factum est secunda die, istud aëris spatium terrae vicinum, quod dividit inter aquas et aquas, ut supra dictum est. Et hanc expositionem tangit Augustinus super Genes. ad litter. et tenet eam Rabbi Moyses. Siehe auch die in voriger Anmerkung angeführte Stelle aus der Summa theologiae. Vgl. More II Cap. 30 (Guide II S. 239).

mehreren Stellen seine Zustimmung ertheilt¹), kann er sich mit der Lehre von der Beseeltheit der Himmelskörper, obgleich auch Maimonides sich für dieselbe entschieden habe, nicht einverstanden erklären ²). Gegen Maimonides bekennt er sich zu der Ansicht, dass die Welt um des Menschen willen geschaffen sei ³), und im Zusammenhang damit zu der Lehre von der dereinstigen Wiedererneuerung der Welt, die von Maimonides nur aus dem Grunde bestritten worden sei, weil er die Ansicht, dass der Mensch der Zweck der Schöpfung sei, verwerfend, nicht glaubte annehmen zu dürfen, dass um des Verhaltens des Menschen willen die Welt zerstört und wieder würde erneuert werden ⁴).

---

1) De potentia Dei qu. 5 artic. 7. Et Rabbi Moyses dicit, quod motus coeli in universo est sicut motus cordis in animali, a quo dependet vita totius animalis. De veritate qu. 5 artic. 9; Comment. in Sent. II dist. 2 qu. 2 artic. 3; Ibidem II dist. 14 qu. 1 artic. 1. Vgl. More I cap. 72 (Guide I S. 361).
2) Quaest. disput. De anima artic. 8. Unter den Gründen für das Quod non: Enarrare est actus substantiae intelligentis, sed coeli enarrant gloriam Dei, ut in Psalmis dicitur, ergo coeli sunt intelligibiles et ita habent animam intellectivam. Darauf in der Conclusio: Ad decimum nonum dicendum, quod probatio illa frivola est, licet Rabbi Moyses eam ponat (vgl. More II cap. 5 Guide II S. 62). Quodsi enarrare proprie accipitur, cum dicitur: coeli enarrant gloriam Dei, oportet, quod coelum non solum habeat intellectum sed etiam linguam. Dicuntur ergo coeli enarrare gloriam Dei, si ad literam exponatur, inquantum ex eis manifestatur hominibus gloria Dei etc. Expositio aurea in Ps. 18 (19) V. 3. Duo necesse est cognoscere de Deo. Unum scilicet gloriam Dei, in qua est gloriosus, secundo opera ejus .... Et ideo intelliguntur isti coeli materiales indicare nobis gloriam Dei, non quasi animalia materialia, ut Rabbi Moyses dicit, sed in ejus pulchritudine, qua multo magis indicatur eorum artifex.
3) Comment. in Sent. II dist. 1 qu. 2 artic. 3. Vgl. More III cap. 12—14.
4) Comment. in Sent. IV dist. 48 qu. 2 artic. 3. Es wird dort die Frage erörtert: Utrum corporibus coelestibus claritas augeatur in illa innovatione. Unter den Gründen für das Quod non heisst es: 6. Non esset sapiens artifex, qui maxima instrumenta faceret ad aliquod modicum artificium continendum. Sed homo est quoddam minimum comparatione coelestium corporum, quae sua ingenti magnitudine quasi incomparabiliter hominis quantitatem excedunt, immo etiam totius terrae, quae habet se ad coelum ut punctum ad sphaeram, ut astrologi dicunt. Ergo cum Deus sit sapientissimus, non videtur, quod finis creationis coeli sit homo, et ita non videtur, quod eo peccante coelum deterioratum fuerit, nec eo glorificato melioretur. Darauf in der Conclusio: Ad sextum dicendum, quod ratio illa est Rabbi Moyse, qui omnino nititur improbare mundum propter hominem esse factum. Unde hoc, quod in veteri testamento de innovatione mundi legitur, sicut patet in autoritatibus Esa (30) inductis, dicit metaphorice esse dictum, sicut alicui dicitur obtenebrari sol, quando in

Wie Gott der Schöpfer der Welt ist, so ist er auch der Erhalter der Welt; die von Gott geschaffenen Dinge sind in ihrer Fortdauer und in ihrer Wirksamkeit durchaus von Gott bedingt. Die weitere Ausführung dieser Lehre giebt Thomas die Veranlassung, auf die ihm aus dem Führer des Maimonides bekannt gewordenen Lehren der Mutakallimun einzugehen, die, um die Erhaltung der Welt durch Gott zu begründen, die absurdesten Behauptungen aufgestellt hätten, wie z. B. die, dass alle Formen Accidentien seien, dass kein Accidens zwei Augenblicke hindurch bestehen könne, und dergleichen mehr [1]).

---

magnam tristitiam incidit, ut nesciat, quid faciat, qui etiam modus loquendi consuetus est in scriptura; ita etiam e contrario dicitur ei sol magis lucere et totus mundus innovari, quando ex statu tristitiae in maximam exaltationem convertatur. Sed hoc dissonat ab autoritatibus et expositionibus sanctorum, unde rationi illi inductae respondendum est, quod quamvis corpora coelestia maxime excedant corpus hominis, tamen plus multo excedit anima rationalis coelestia corpora, quam ipsa excedunt corpus humanum etc. Vgl. More II cap. 29 (Guide II S. 218 f.). Thomas übersieht hier freilich, dass nach Maimonides ja auch die Himmelskörper beseelt sind (vgl. oben S. 71).
 1) Contra Gentil. III cap. 65 Schluss. Per hoc autem excluditur quorundam loquentium in lege Maurorum positio, qui ad hoc, quod sustinere possent mundum Dei conservatione indigere, posuerunt omnes formas esse accidentia (vgl. More I cap. 73 VIII) et quod nullum accidens durat per duo instantia (das. VI), ut sic semper rerum formatio esset in fieri, quasi res non indigeret causa agente, nisi dum est in fieri. Unde et aliqui eorum dicuntur ponere, quod corpora indivisibilia, ex quibus omnes substantias dicunt esse compositas, quae sola secundum eos firmitatem habent, possunt ad horam aliquam remanere, si Deus suam gubernationem rebus subtraxerit. Quorum etiam quidam dicunt, quod res esse non desineret, nisi Deus in ipsa accidens desitionis causaret (vgl. More I cap. 73 Guide I S. 391), quae omnia patet esse absurda. De potentia Dei qu. 3 artic. 7. Quidam enim loquentes in lege Maurorum, ut Rabbi Moyses narrat, dixerunt omnes hujusmodi naturales formas accidentia esse. Et cum accidens in aliud subjectum transire non possit, impossibile reputabant, quod res naturalis per formam suam aliquo modo induceret similem formam in alio subjecto, unde dicebant, quod ignis non calefacit, sed Deus creat calorem in re calefacta. Sed si objiceretur contra eos, quod ex applicatione ignis ad calefactibile semper sequebatur calefactio, nisi per accidens esset aliquid impedimentum igni, quod ostendit ipsum esse causam caloris per se, dicebant, quod Deus ita statuit, ut iste cursus servaretur in rebus, quod nunquam ipse calorem causaret nisi apposito igne, non quod ignis appositus aliquid ad calefactionem faceret.

4. Die Lehre von den Engeln und von der Prophetie.

Im Gegensatz zu den christlichen Scholastikern, die sich mit besonderer Vorliebe in die Engellehre vertiefen und dieselbe, gestützt auf eine wahrhaft kindliche Auslegung des Bibelworts, in spitzfindigster Weise zu einem geschlossenen System herausgebildet haben, wird diese Lehre von Maimonides, wie von den anderen jüdischen Religionsphilosophen, nicht als ein Gegenstand von selbständigem Interesse behandelt, sondern nur gelegentlich und insoweit in Betracht gezogen, als sie mit ihrer Theorie von den Himmelsbewegungen und mit der Lehre von der Prophetie im Zusammenhang steht[1]). Sieht man von der auf einem ganz anderen Boden erwachsenen Kabbala ab, so hat die jüdische Litteratur eine eigentliche Engellehre, im Sinne der christlichen Theologie, überhaupt nicht aufzuweisen. Es wird daher leicht begreiflich erscheinen, dass die christlichen Scholastiker des dreizehnten Jahrhunderts und in's Besondere Thomas von Aquino in diesem Punkte eine Anlehnung an die Lehren der jüdischen Denker nicht in dem Maasse finden konnten, wie sie bei der Behandlung so mancher anderen Probleme sich ihnen dargeboten hatte. In den meisten Fällen nimmt Thomas, wo es sich um die Engellehre handelt, den Ansichten des Maimonides gegenüber sogar eine entschieden ablehnende Stellung ein. Er kann es nicht billigen, dass Maimonides, indem er die Engel der Schrift mit den getrennten Intelligenzen des Aristoteles identificirt, die Zahl der Engel auf die Zahl der Himmelsbewegungen einschränken und so den Myriaden von Engeln, die den Himmelsthron umgeben sollen, gewissermassen die Existenz bestreiten will. Ebenso erklärt er es für einen Irrthum, wenn Maimonides behauptet, dass an manchen Stellen, wo in der heiligen Schrift von Engeln die Rede sei, darunter Menschen,

---

1) Ich kann deshalb der Ansicht Jellinek's (Thomas von Aquino in der jüdischen Literatur Leipzig 1853 S. 8), dass Isaak Abrabanel die Schrift des Thomas De spiritualibus creaturis in's Hebräische übersetzt habe, weil die Angelologie ein Lieblingsthema der jüdischen Religionsphilosophen gewesen sei, nicht beipflichten. Weit eher mag Abrabanel diese Schrift des Thomas seinem jüdischen Leserkreise aus dem Grunde zugeführt haben, weil sie einem in der jüdischen Litteratur fast gar nicht behandelten Thema gewidmet ist. Im Uebrigen verweise ich den Leser, der sich über den Einfluss, den Thomas auf die spätere jüdische Litteratur ausgeübt hat, unterrichten will, auf Jellinek's sehr interessante Schrift. Vgl. auch Jellinek Philosophie und Kabbala (Leipzig 1854) S. XIII f.

die etwas Göttliches verkünden, oder gar gewisse Natur- und Seelenkräfte, wie z. B. die Kraft des Begehrungsvermögens, zu verstehen seien [1]). Auch die mit der maimonidischen Auffassung von der Prophetie im engsten Zusammenhang stehende Ansicht, dass viele prophetische Visionen, besonders diejenigen, in denen die Engel den Menschen in körperlicher Gestalt erscheinen, als innere Vorgänge oder als Gebilde der Phantasie zu erklären seien, glaubt Thomas als mit dem Wortlaut der Schrift unvereinbar verwerfen zu müssen [2]). Hingegen stimmt er wieder

---

1) Contra Gentil. II cap. 92 (De multitudine substantiarum separatarum). Per hoc autem excluditur error dicentium substantias separatas secundum numerum motuum coelestium aut secundum numerum sphaerarum coelestium et error Rabbi Moysi, qui dixit numerum angelorum, qui in scriptura ponitur, non esse numerum separatarum substantiarum sed virtutum in istis inferioribus, sicut si vis concupiscibilis dicatur spiritus concupiscentiae et sic de aliis. Summ. theolog. I qu. 50 artic. 3. Sed quia hoc (sc. sententia Aristotelis) videtur repugnare documentis sacrae scripturae, Rabbi Moyses Judaeus, volens utrumque (sc. Platonem et Aristotelem) concordare posuit, quod angeli, secundum quod dicuntur substantiae immateriales, multiplicantur secundum numerum motuum vel corporum coelestium secundum Aristotelem. Sed posuit, quod angeli in scriptura dicuntur etiam homines divina communicantes et iterum virtutes rerum naturalium, quae Dei omnipotentiam manifestant. Sed hoc alienum a consuetudine scripturae, quod virtutes rerum irrationabilium angeli nominentur. Comment. in Sent. II dist. 3 qu. 1 artic. 3. Quidam vero posuit angelos non in determinato numero nobis, sed tantum per angelos significari dicit omnem virtutem (vel corporalem vel spiritualem), per quam Deus ordinem suae providentiae explet quasi divinae voluntatis nuntium, adeo quod vim concupiscibilem angelum concupiscentiae, sed substantias separatas dicit esse secundum numerum, quam philosophi posuerunt, et iste est Rabbi Moyses. Ueber die Gleichstellung der Engel mit den getrennten Intelligenzen handelt Maimonides More II cap. 4. 6. 10 III cap. 45 (Guide II S. 60. 67. 91. III S. 192), darüber, dass auch physische oder animalische Kräfte mitunter als Engel bezeichnet werden More II cap. 6. III cap. 22 (Guide II S. 68 f. S. 71—73. III S. 170). Die erstere Ansicht wird als die des Isaak Israeli und des Maimonides auch von Albertus Magnus bekämpft. (Vgl. Munk Guide II S. 67 Anmerk. 4; Joël Verhältniss S. 10 Anmerk. 3.)

2) Summ. Theolog. I qu. 51 artic. 2. Respondeo dicendum, quod quidam dixerunt angelos nunquam corpora assumere, sed omnia, quae in scripturis divinis leguntur de apparitione angelorum contigisse in visione prophetiae, hoc est secundum imaginationem. De potentia Dei qu. 6 artic. 7. Respondeo dicendum, quod quidam eorum, qui scripturae credunt, in qua apparitiones angelorum leguntur, dixerunt, quod angeli nunquam corpora assumant, sicut patet de Rabbi Moyse, qui hanc opinionem ponit. Unde dicit, quod omnia, quaecunque in sacra scriptura leguntur de apparitione angelorum, contingunt in visione prophetiae secundum scilicet imaginariam visionem, quandoque

darin mit Maimonides überein, dass den Engeln die Freiheit des Willens und die Vernunft in noch höherem Maasse als den Menschen zukämen [1]). So wenig Thomas mit der Stellung des Maimonides zu der Engellehre sich befreunden konnte, so grossen Eindruck scheint auf ihn die von dem jüdischen Denker aufgestellte Theorie des Prophetismus gemacht zu haben [2]). Und in der That ist die Abhandlung des Maimonides über die Prophetie eine der glänzendsten Leistungen dieses hervorragenden Mannes, die wegen ihres ungewöhnlichen Tiefsinns und der Feinheit der psychologischen Begründung auch heute noch einen mehr als historischen Werth beanspruchen darf. Wie Maimonides, so bekennt auch Thomas sich zu der Ansicht, dass die prophetische Offenbarung den Menschen durch die Engel vermittelt werde [3]). Ebenso hat Thomas bei dem, was er über die verschiedenen Grade der Prophetie sagt, unzweifelhaft die dem gleichen Gegenstand gewidmete Untersuchung des Maimonides vor Augen, deren wesentlichen Inhalt, wenn auch zum Theil in Etwas anderer Gruppirung er in seine Darstellung mitherübernimmt [4]).

---

quidem in vigilando, quandoque vero in dormiendo. Et haec positio veritatem scripturae non salvat. Vgl. Maimonides More I cap. 43. 49. II cap. 6 (Guide I S. 152 175—76. II S. 73) u. a. O. Auch diese Ansicht wird von Albertus Magnus als von den Juden Maimonides und Isaak Israeli herrührend angeführt und bekämpft. (Vgl. Joël a. a O. Anmerk. 2.)

1) Summ. theolog. I qu. 59 artic. 3. Et sic patet liberum arbitrium esse in angelis etiam excellentius quam in hominibus sicut et intellectum. More II cap. 7 (Guide II S. 75): „Wir haben bereits auseinandergesetzt, dass das Wort: „Engel" ein homonymer Name ist und dass er die Intelligenzen, die Sphären und die Elemente umfasst, denn sie alle führen einen Befehl (Gottes) aus. Man darf jedoch nicht glauben, dass die Sphären oder Intelligenzen auf der Stufe der anderen körperlichen Kräfte stehen, die eine Natur sind und nicht das Bewusstsein ihrer Wirkung haben; im Gegentheil haben die Sphären und die Intelligenzen das Bewusstsein ihrer Wirkungen und bedienen sich in ihrer Leitung der Freiheit" u. s. w.

2) Vgl. Merx Die Prophetie des Joel (Halle 1879) S. 354—67: Die Theorie des Prophetismus, Maimonides und Thomas.

3) Summ. theolog. II, 2 qu. 172 artic. 2. Vgl. Maimonides More II cap. 34. 41. 42. III cap. 45 (Guide II S. 275 f. 314. 319 f. III. S. 351).

4) Wir begnügen uns, hier die wichtigsten Berührungspunkte hervorzuheben. Der erste Schritt zur Prophetie besteht nach Maimonides darin, dass ein Mensch, vom göttlichen Geiste getrieben, eine grosse und für das Schicksal einer Gesammtheit heilsame That vollbringt. Solche Männer waren die Richter in Israel, wie Jephta und Simson, und die tugendhaften unter den Königen in Israel (More II cap. 45 Guide II S. 325 f.). Thomas Summ. theolog. II, 2 qu. 174 artic. 3. Et ideo infimus gradus prophetiae est, cum

In der Frage nach den ethischen Vorbedingungen für die aliquis ex interiori instinctu movetur ad aliqua exterius facienda, sicut de Samsone dicitur Jud. 15, quod irruit Spiritus Domini in eum etc. Der zweite Grad besteht darin, wenn Jemand fühlt, dass eine neue Kraft in ihn gedrungen ist, und er vermittelst derselben Weisheitslehren, Loblieder, oder auch politische und metaphysische Wahrheiten ausspricht, **und zwar im wachen Zustande, während die Sinne in gewohnter Weise funktioniren.** Solche Männer waren David, der Verfasser der Psalmen, Salomon, der Verfasser der Proverbien und anderer Schriften. Thomas. Secundus autem gradus prophetiae est, cum aliquis ex interiori lumine illustratur ad cognoscendum aliqua, quae tamen non excedant limites naturalis cognitionis, sicut dicitur de Salomone . . . et hoc totum fuit ex divina inspiratione, nam praemittitur: Dedit Deus sapientiam Salomoni et prudentiam multam nimis. Hi tamen duo gradus sunt infra prophetiam proprie dictam, quia non attingunt ad supernaturalem veritatem. — Bei der eigentlichen Prophetie unterscheidet Thomas, wie Maimonides, eine Prophetie im Traume, die im Schlafe erfolgt, und eine Prophetie in der Vision, die im Wachen erfolgt. Bei der Prophetie im Traume ist nach Maimonides wieder zu unterscheiden, ob der Prophet im Traume nur ein Gleichniss sieht (III Stufe), oder ob er eine Rede hört, jedoch den Sprecher nicht sieht (IV Stufe), oder ob im Traume ein Mensch zu ihm redet (V Stufe), oder ob ein Engel zu ihm redet (VI Stufe), oder ob es ihm scheint, dass Gott zu ihm redet, wie Jesaias sagt: „Ich sah den Ewigen" u. s. w. (VII Stufe). Thomas Et adhuc altior, si videatur in dormiendo vel in vigilando in specie Dei, secundum illud Esaiae 6: Vidi Dominum sedentem. Bei der Prophetie in der Vision kann der Prophet, wie Abraham beim Bundesopfer, ein Gleichniss sehen (VIII Stufe), oder er hört in der Vision eine Rede (IX Stufe), oder er sieht beim Hören zugleich einen Menschen, der zu ihm redet (X Stufe), oder er sieht einen Engel, der zu ihm redet (XI Stufe). Thomas. Tertio autem ostenditur altior esse gradus prophetiae, quando propheta non solum videt signa verborum vel factorum, sed etiam videt (vel in vigilando, vel in dormiendo) aliquem sibi colloquentem aut aliquid demonstrantem . . . . Quarto autem potest attendi altitudo gradus prophetalis ex conditione ejus, qui videtur. Nam altior gradus prophetiae est, si ille, qui loquitur vel demonstrat, videatur in vigilando vel in dormiendo in specie angeli, quam si videatur in specie hominis (vgl. Merx a. a. O. S. 355—57). Eine zusammenfassende Darstellung dieser Theorie giebt Thomas unter Berufung auf Maimonides Comment. in Sent. IV dist. 49 qu. 2 artic. 7: In hoc tamen, quod dicit facie ad faciem (Genes. 32, 31) notatur quaedam eminentia visionis. Ut enim dicit Rabbi Moyses, gradus prophetiae distinguens, eminentior est gradus prophetiae, quando prophetae apparet aliquid in visione vigiliae, quam si appareat in dormiendo. Et utrolibet modo fiat revelatio, eminentior gradus est, quando apparet illi, qui loquitur, in aliqua figura visui, quam quando auditur locutio ejus tantum sine hoc, quod aliquid videatur. Eminentior quoque gradus est, si ille, qui loquitur, apparet in figura angeli quam in figura hominis. Et hanc eminentiam habuit apparitio Jacob, quia non fuit in dormiendo, sed in vigilando, nec tantum audivit vocem secum loquentis, sed etiam figuram inspexit hominis etc. — Eine ähnliche Ausführung über die Stufen der Prophetie, wie bei

Prophetie will Thomas allerdings nicht soweit gehen, die Berufung zum Propheten mit Maimonides von der absoluten sittlichen Vollkommenheit des Menschen abhängig zu machen, da Gott zu seinen Zwecken sich ebensowohl der Schlechten wie der Guten bedienen könne; darin jedoch stimmt er durchaus dem Maimonides zu, dass gewisse sittliche Gebrechen, wie der Hang zu geschlechtlichen Ausschweifungen und die übertriebene Sorge um die irdischen Dinge, den Menschen von der Berufung zur Prophetie schlechterdings ausschliessen [1]). Er ist ferner mit Maimonides darin einverstanden, dass der Prophet in Betreff derjenigen Wahrheiten, die dem Menschen auch durch seine Vernunfterkenntniss zugänglich sind, keinen Vorzug vor Anderen besitze, die sich diese Wahrheiten durch ihre Vernunfterkenntniss angeeignet haben. Damit habe jedoch Maimonides keineswegs bestreiten wollen, dass dem Menschen auch Vernunfterkenntnisse durch eine prophetische Offenbarung enthüllt werden könnten [2]). Wie Maimonides, so nimmt auch Thomas an, dass

Maimonides, findet sich schon bei dem noch dem XI Jahrhundert angehörenden Abraham ben Chija. Vgl. Ziemlich in Frankel-Grätz Monatsschrift B. XXIX S. 370 Anmerk. 2.

1) Summ. theolog. II, 2 qu. 172 artic. 4. Quaest. disput. De veritate qu. 12 (De prophetia) artic. 5. Sciendum tamen, quod inter peccata, quibus charitas amittitur, quaedam sunt, quae usum prophetiae impediunt, quaedam quae non. Quia enim carnalia peccata mentem a spiritualitate omnino retrahunt, ex hoc ipso, quod aliquis, qui peccatis carnalibus est subditus, ineptus ad prophetiam redditur, ad cujus revelationem summa spiritualitas mentis requiritur. Peccata vero spiritualia spiritualitatem mentis non ita impediunt et ideo contingit aliquem esse prophetam spiritualibus peccatis subditum, non autem carnalibus, vel etiam immensis saeculi sollicitudinibus, quibus mens a sua spiritualitate retrahatur. Et ideo dicit Rabbi Moyses, quod hoc est signum, quod aliquis sit falsus propheta, quando voluptatibus et sollicitudinibus saeculi detinetur Vgl. Maimonides More II cap. 36. 40 (Guide II S. 285 f. 311 f.). In gleicher Weise wie Thomas spricht sich über diesen Punkt auch Albertus Magnus aus (vgl. Joël Verhältniss S. 16).

2) Quaest. disput. De veritate qu. 12 artic. 2 (Num prophetia sit de conclusionibus scibilibus). Unter den Argumenten für das Quod non heisst es: Praeterea. Ad ea, quae per prophetiam sciuntur, non eodem modo se habet mens prophetae et cujuscunque alterius. Sed in omnibus, quae sciuntur per demonstrationem idem est judicium prophetae et cujuscunque alterius scientis illud et neuter alii praefertur, ut dicit Rabbi Moyses (vgl. More II cap. 32 Guide II S. 269). Ergo de his, quae per demonstrationem sciuntur, non est prophetia. Darauf in der Conclusio: Ad sextum dicendum, quod Rabbi Moyses non intelligit, quin de his, quae per demonstrationem sciuntur, possit fieri revelatio prophetae, sed quia, eo quo per demonstrationem sciuntur, non differt, an de his habeatur prophetia vel non. Im Uebrigen spricht es Maimonides auch geradezu aus, dass dem wahren Propheten durch die Offenbarung auch spekulative Erkenntnisse mitge-

dem Propheten die Wahrheit dessen, was ihm durch eine prophetische Offenbarung enthüllt worden ist, unzweifelhaft gewiss sei und dass er auch das Bewusstsein davon habe, dass ihm diese Wahrheiten von Gott offenbart worden sind. Ein Beweis für diese prophetische Gewissheit sei z. B. das Verhalten Abraham's, der in Folge einer prophetischen Vision seinen einzigen Sohn zu opfern bereit ist, wozu er sich doch niemals hätte entschliessen können, wenn er nicht mit völliger Gewissheit von der Wahrheit der ihm zu theilgewordenen Offenbarung überzeugt gewesen wäre [1]). Nach Maimonides bedarf es der Einwirkung der wirkenden Intelligenz sowohl auf das Erkenntnissvermögen wie auf die Einbildungskraft, damit der Mensch zur Stufe der Prophetie gelange, während bei einer Einwirkung auf das Erkenntnissvermögen allein der Mensch nur die Stufe eines spekulativen Weisen erreiche [2]). Thomas glaubt diesem Satze, den er Etwas ungenau so formulirt, dass nach Maimonides eine Prophetie, die zugleich eine auf die Einbildungskraft wirkende Vision enthalte, besser sei als eine, die nur eine intelligibele Vision enthalte, seine Zustimmung nur in bedingter Weise ertheilen zu können [3]). Endlich ist auch das, was Thomas über die Pro-

---

theilt würden. Vgl. More II cap. 38 (Guide II S. 297 f.) und oben den Abschnitt: Vernunft und Offenbarung S. 31 f.
1) Summ. theolog. II, 2 qu. 171 artic. 5. De his ergo, quae expresse per spiritum prophetiae propheta cognoscit, maximam certitudinem habet et pro certo habet, quod haec sunt divinitus sibi revelata .... Alioquin si de hoc ipse certitudinem non haberet, fides, quae dictis prophetarum innititur, certa non esset. Et signum propheticae certitudinis accipere possumus ex hoc, quod Abraham admonitus in prophetica visione se praeparavit ad filium unigenitum immolandum, quod nullatenus fecisset, nisi de divina revelatione fuisset certissimus. Vgl. Maimonides More III cap. 24 (Guide III S. 194—95): „Man hat uns also wollen wissen lassen, dass Alles, was der Prophet in der prophetischen Vision sieht, für ihn wirklich und gewiss ist, dass er Nichts davon bezweifelt und dass er es in derselben Weise ansieht wie alle wirklichen Dinge, die durch die Sinne oder die Intelligenz erfasst worden sind. Der Beweis dafür ist, dass Abraham" u. s. w.
2) More II cap. 37. 41 (Guide II S. 290 f. 313 f.).
3) Quaest. disput. De veritate qu. 12 artic. 12. Unter den Argumenten für das Quod non: Praeterea. Propheta, ut dicit Rabbi Moyses, inchoatur in intellectu et perficitur in imaginatione. Ergo prophetia, quae habet imaginariam visionem, est perfectior, quam quae habet intellectualem tantum. Darauf in der Conclusio: Ad sextum dicendum, quod in hoc Rabbi Moysi opinio non tenetur. Ipse enim ponit, quod prophetia David fuit inferior prophetia Isaiae vel Hieremiae (vgl. oben S. 76 Anmerk.), cujus contrarium dicitur a sanctis. Habet tamen veritatem quantum ad aliquid ejus dictum, quia scilicet judicium non perficitur his, de quibus est judicandum. Unde

phetie des Moses lehrt, dem Maimonides entlehnt. Bei beiden wird die Prophetie des Moses nicht als eine nur dem Grade nach höhere Stufe den anderen Prophetenstufen angereiht, sondern sie wird als eine in ihrem Wesen durchaus verschiedene und ganz eigenartige Erscheinung besonders für sich betrachtet. Unter Anlehnung an die Schlussverse des Deuteronomiums (34, 10—12) hebt Thomas vier unterscheidende Kennzeichen hervor, durch die die Prophetie des Moses sich vor der aller anderen Propheten ausgezeichnet habe. In **intellektueller Beziehung** unterscheidet sich die Prophetie des Moses dadurch, dass er das Wesen Gottes selbst geschaut hat. Was die **imaginäre** Schau betrifft, die Mose jeder Zeit nach Belieben herbeiführen konnte, so hat er nicht nur Worte gehört, sondern er hat den Redenden selbst, und zwar in der Gestalt Gottes, im Wachen wie im Schlafe, geschaut. Was den **Verkündigungskreis** betrifft, so hat Moses im Namen Gottes zum ganzen Volk der Gläubigen gesprochen und hat ihm ein neues Gesetz vorgelegt, wogegen die anderen Propheten das Volk nur zur Beobachtung des von Moses gegebenen Gesetzes aufgefordert haben. Endlich hat Moses, was die seine Prophetie bestätigenden **Wunder** betrifft, diese an dem ganzen Volke der Ungläubigen (der Aegypter) ausgeübt [1]). In ähnlicher Weise wird die Prophetie des Moses auch von Maimonides charakterisirt und in ihrer Verschiedenheit von der aller anderen Propheten dargestellt [2]).

---

in illa prophetia, in qua percipitur intellectuale lumen solummodo ad judicandum, est ipsum lumen non determinatam cognitionem alicujus faciens, quo usque opponantur aliqua, de quibus est judicandum vel a se, vel ab alio accepta, et sic intellectualis visio per imaginationem sicut commune determinatur per speciale. Ueber eine ähnliche Ausführung bei Albertus Magnus vgl. Joël Verhältniss S. 13.
1) Summa theolog. II, 2 qu. 174 artic. 4. In prophetia enim, sicut ex dictis patet, consideratur et cognitio (tam secundum visionem intellectualem, quam secundum visionem imaginariam) et denuntiatio et confirmatio per miracula. Moyses ergo fuit aliis excellentior. Primo quidem quantum ad visionem intellectualem eo, quod vidit ipsam Dei essentiam . . . Secundo quantum ad imaginariam visionem, quam quasi ad nutum habebat, non solum audiens verba, sed etiam videns loquentem etiam in specie Dei, non solum in dormiendo, sed etiam in vigilando . . . Tertio quantum ad denuntiationem, quia loquebatur toti populo fidelium ex persona Dei, quasi de novo legem proponens, alii vero prophetae loquebantur ad populum in persona Dei quasi inducentes ad observantiam legis Moysi secundum illud Malach. 4: Mementote legis Moysi servi mei. Quarto quantum ad operationem miraculorum, quae fecit toli populo infidelium, unde dicitur Deut. ult: Non surrexit etc. Vgl. Merx a. a. O. S. 364—66.
2) Maimonides behandelt dieses Thema an drei verschiedenen

5. Die Erklärung der biblischen Gebote.

Im dritten Theile seines Führers hat bekanntlich Maimonides auch die mosaische Gesetzgebung einer eingehenden Erörterung unterzogen. Es ist ein Unternehmen von ungewöhnlicher Kühnheit, das in dieser Darstellung des jüdischen Denkers uns entgegentritt. Von dem Bestreben geleitet, auch den gesetzlichen Theil der heiligen Schrift einer vernunftgemässen Auffassung näher zu bringen, legt Maimonides nicht selten den wichtigsten Geboten der Bibel eine Deutung unter, die im Kreise seiner eigenen Religionsgemeinschaft nicht ohne Grund, als der Dignität des göttlichen Gesetzes zu nahe tretend, den heftigsten Wider-

---

Orten: 1) Im elften Kapitel der Einleitung zum Mischnahkommentar des Traktats Sanhedrin 2) im Mischne Thora. Abschnitt Jesode ha-Thora VII, 6 und 3) im More II cap. 35. 39. Da Maimonides die Darstellung im More (Cap. 35) damit eröffnet, dass er den Leser auf die ausführlichen Erörterungen dieses Gegenstandes in den beiden anderen Schriften verweist, so wäre es immerhin möglich, dass Thomas, wie Merx vermuthet, sich auf irgendeine Weise auch mit den einschlagenden Stellen in den beiden anderen Schriften bekannt gemacht habe. Auf eine gemeinsame Maimonideslektüre eines Dominikaners mit einem jüdischen Gelehrten haben wir ja bereits an einer früheren Stelle hinzuweisen Gelegenheit gehabt (vgl. oben S. 32 Anmerk. 1). Die Annahme einer solchen Bekanntschaft, besonders mit der Darstellung im Mischne Thora, würde manche Wendung bei Thomas erst in das rechte Licht rücken. So wird z. B. im Mischne Thora als vierter Unterschied der Prophetie des Moses bezeichnet, dass der Geist der Prophetie jeder Zeit, wenn er es wollte, über Mose gekommen sei, was sich bei den anderen Propheten nicht so verhalten habe. Dasselbe scheint Thomas mit den Worten: quam quasi ad nutum habebat andeuten zu wollen. (Vgl. Merx S. 365). — Dass Moses allein Gott von Angesicht zu Angesicht, d. h. Gottes Wesen, erkannt habe, wird von Maimonides More II cap. 35 (Guide II S. 278) ausgeführt. Wenn im Mischne Thora von Moses gesagt wird, dass er allein im wachen Zustand göttliche Offenbarungen gehabt habe, die anderen Propheten aber nur im Traume oder in Gesichten, und dass nur ihm Gott selbst, den anderen Propheten aber ein Engel erschienen sei, so ist dies mit dem zweiten Unterschied bei Thomas identisch. Der dritte Unterschied bei Thomas findet sich bei Maimonides More II cap. 39 (Guide II S. 301), wo ausgeführt wird, dass Moses das israelitische Volk zur Erfüllung des göttlichen Gesetzes berufen habe, Etwas, das weder vor ihm, noch nach ihm durch einen anderen Propheten geschehen sei. Was den vierten Unterschied bei Thomas betrifft, so ist derselbe aus More II cap. 35 (Guide II S. 278 f.) entlehnt, wo Maimonides auseinandersetzt, dass Moses allein seine Wunder öffentlich, vor Freund und Feind, vor Pharao und seinem ganzen Lande und vor den Augen von ganz Israel ausgeführt habe (vgl. Merx S. 365 f.)

spruch hervorgerufen hat. Um so auffälliger mag daher die Thatsache erscheinen, dass die christlichen Scholastiker des dreizehnten Jahrhunderts sich in der Auslegung der mosaischen Gesetzgebung fast durchweg an Maimonides anschliessen, ohne an der rationalistischen Tendenz der maimonidischen Gesetzesdeutung, wie es scheint, irgendwelchen Anstoss zu nehmen [1]). Es giebt sich hierin eine Vorurtheilslosigkeit gegenüber den Schriften des alten Testaments zu erkennen, wie sie in der Auslegung der Religionsurkunden des Christenthums von jenen strenggläubigen Theologen niemals wäre gewagt und noch viel weniger von der Kirche wäre geduldet worden.

Was nun speciell Thomas von Aquino betrifft, so setzt er in Uebereinstimmung mit Maimonides das wesentliche Unterscheidungsmerkmal der Ceremonialgesetze darin, dass sich für sie ein bestimmter Grund nicht angeben lasse [2]), womit jedoch keineswegs geleugnet werden solle, dass auch die Ceremonialgesetze, als von der göttlichen Weisheit verordnet, einen Grund haben müssten [3]) und dass sie im Allgemeinen dazu bestimmt seien, die Menschen zur Gottesverehrung anzuleiten [4]). Daneben freilich haben die Ceremonialgesetze des alten Testaments, wie

---

1) Vgl. die Abhandlungen über Wilhelm von Auvergne und Alexander von Hales in der Revue des Études Juives XVIII S. 248 f. XIX S. 232 f.
2) Vgl. More III cap. 26 (Guide III S. 204—205).
3) Summ. theolog. II, 1 qu. 102 artic. 1. Manifestum est autem, quod praecepta caerimonalia sicut et omnia alia praecepta legis sunt ex divina sapientia instituta, unde dicitur Deut. 4: Haec est sapientia vestra et intellectus coram populis. Unde necesse est dicere, quod praecepta caerimonalia sint ordinata ad aliquem finem, ex quo eorum rationabiles causae assignari possunt. Maimonides More III cap. 31 (Guide III S. 247): „An einer anderen Stelle heisst es: »diejenigen, welche hören werden alle diese Satzungen, werden sagen: Gewiss diese Nation ist ein weises und einsichtiges Volk«. Hier ist es also klar ausgesprochen, dass selbst alle diese Satzungen sich den Nationen zeigen werden als Ausflüsse einer Weisheit und einer Intelligenz" u. s. w. Vgl. Revue XIX S. 233.
4) Summ. theolog. II, 1 qu. 101 artic 1 (Utrum ratio praeceptorum caerimonalium in hoc consistat, quod pertinent ad cultum Dei). Unter den Argumenten für das Quod non: Praeterea Rabbi Moyses dicit, quod praecepta caerimonalia dicuntur, quorum ratio non est manifesta. Sed multa pertinentia ad cultum Dei habent rationem manifestam, sicut sabbati observatio et celebratio phasae, scenopegiae et multorum aliorum, quorum ratio assignatur in lege: ergo caerimonalia non sunt, quae pertinent ad cultum Dei. Darauf in der Conclusio: Ad quartum dicendum, quod illa ratio caerimonalium est quodammodo probabilis, non quia ex eo dicuntur caerimonalia, quia eorum ratio non est manifesta, sed hoc est quoddam consequens, quia enim praecepta ad cultum Dei pertinentia oportet esse figuralia, ut

Thomas von Aquino in Uebereinstimmung mit Alexander von Hales lehrt, auch noch eine figürliche oder mystische Bedeutung, die darin besteht, dass sie gewissermassen als ein Hinweis auf Christus dienen sollen [1]. Dies gilt in's Besondere auch von denjenigen Ceremonien, die mit der Opferlehre des alten Testaments im Zusammenhang stehen. Als Akt der Gottesverehrung aufgefasst, haben die Opfer einen doppelten Zweck. Erstens soll durch das Opfer der Geist des Opfernden auf Gott als auf den Urgrund und den letzten Zweck aller Dinge hingelenkt werden. Das Opfer ist ein Zeichen der Dankbarkeit, durch das der Mensch das Bekenntniss ablegt, dass er Alles, was er besitzt, von Gott empfangen habe, wie es David ausspricht (1 Chr. 29): „Dein ist Alles, und was wir aus Deiner Hand empfangen haben, haben wir Dir gegeben". Zweitens hatte die Einsetzung des Opferdienstes den Zweck, die Menschen von den bisher den Götzen dargebrachten Opfern zurückzuhalten. Aus diesem Grunde sind die auf die Opfer bezüglichen Gesetze dem Volk der Juden auch erst dann gegeben worden, als es durch die Anbetung des goldenen Kalbes zum Götzendienste abgewichen war, gleichsam als sollte die im Volke vorhandene Hinneigung zum Opferdienste dadurch von den Götzen abgelenkt und Gott zugewendet werden, wie es ja auch der Prophet Jeremia ausspricht (Cap. 7): „Ich habe mit euren Vätern nicht gesprochen und habe ihnen am Tage, da ich sie aus dem Lande Aegypten herausgeführt habe, keine Vorschrift ertheilt in Betreff der Brand- und Schlachtopfer" [2]. Wie Thomas in dieser Aus-

---

infra dicetur, inde est, quod eorum ratio non est adeo manifesta. Von dem religiösen Zweck des Ceremonialgesetzes handelt Maimonides More III cap. 46. 51. 52 (Guide III S. 347. 440. 453).
1) Vgl. Revue d. É. J. S. 233.
2) Summ. theolog. II, 1 qu. 102 artic. 3. Respondeo dicendum, quod sicut supra dictum est, caerimoniae veteris legis duplicem causam habebant, unam scilicet literalem, secundum quod ordinabantur ad cultum Dei, aliam vero figuralem sive mysticam, secundum quod ordinabantur ad figurandum Christum. Et ex utraque parte potest convenienter assignari causa caerimoniarum, quae ad sacrificia pertinebant. Secundum enim quod sacrificia ordinabantur ad cultum Dei, causa sacrificiorum dupliciter accipi potest. Uno modo quod per sacrificia repraesentabatur ordinatio mentis in Deum, ad quam excitabatur sacrificium offerens. Ad rectam autem ordinationem mentis in Deum pertinet, quod omnia, quae homo habet, recognoscat a Deo tanquam a primo principio et ordinet in Deum tanquam in ultimum finem, et hoc repraesentabatur in oblationibus et sacrificiis, secundum quod homo ex rebus suis quasi in recognitionem. quod haberet ea a Deo, in honorem Dei ea offerebat, secundum quod dixit David 1 Paralip. 29: Tua sunt omnia et quod de manu tua accepimus, dedimus tibi, et

führung sich den Grundgedanken der maimonidischen Opfertheorie angeeignet hat, so hat er auch in der Erklärung der einzelnen auf das Opferwesen bezüglichen Vorschriften sich vielfach den Maimonides zum Muster genommen. Die Darbringung der Opfer, so lehrt er, durfte nur an einem bestimmten Orte, zuerst in der Stiftshütte und dann im Tempel zu Jerusalem [1]),

ideo in oblatione sacrificiorum protestabatur homo, quod Deus esset primum principium creationis rerum et ultimus finis, ad quem essent omnia referenda. Et quia pertinet ad rectam ordinationem mentis in Deum, ut mens humana non recognoscat alium primum autorem rerum nisi solum Deum neque in aliquo alio finem suum constituat, propter hoc prohibebatur in lege offerri sacrificium alicui alteri nisi Deo secundum illud Exod. 22: Qui immolat diis, occidetur praeterquam Domino soli. Et ideo de causa caerimoniarum circa sacrificia potest assignari ratio alio modo ex hoc, quod per hujusmodi homines retrahabantur a sacrificiis idolorum, unde etiam praecepta de sacrificiis non fuerunt data populo Judaeorum, nisi postquam declinavit ad idololatriam adorando vitulam conflatilem, quasi hujusmodi sacrificia sint instituta, ut populus ad sacrificandum promptus hujusmodi sacrificia magis Deo quam idolis offerret (vgl. More III cap. 32 Guide III S. 250 f.), unde dicitur Jerem. 7: Non sum locutus cum parentibus vestris et non praecepi eis in die, qua eduxi eos de terra Aegypti de verbo holocaustomatum et victimarum (vgl. More das. Guide III S. 258 f.). Expositio aurea in Psalmos 39 (40) 7. Quare ergo fuerunt ordinata (sc. sacrificia) in lege? Respond. propterea dico: videlicet in figura futuri sacrificii (1 Corinth. 20) et ad cautelam, ut non offerrent ea idolis, declinantes ad idololatriam existentes in medio gentium, ad quam proni erant filii Israel in principio legis. Vgl. Ibidem in Psalm. 50; Expositio aurea in Esaiam cap. 1; In Hierem. cap. 7. In der Expositio aurea zur Genesis (14, 3), die aber dem Thomas abgesprochen wird (vgl. Cave Hist. liter. Genevae 1705 pag. 594; Jourdain La philosophie de Saint Thomas I S. 99; Werner I S. 876) wird diese Opfertheorie des Maimonides bekämpft.

[1]) Den Ort für den Tempel, so führt Thomas in Uebereinstimmung mit Maimonides (More III cap. 45 Guide III S. 349) aus, hatte schon Abraham bestimmt. Warum aber dieser Ort im Pentateuch nicht genauer bezeichnet werde, dafür giebt er, wieder mit Maimonides, die folgende Erklärung. Summ. theolog. II, 1 qu. 102 artic. 4. Locus autem ille designari non debuit pro aedificatione templi ante tempus praedictum propter tres rationes, quas Rabbi Moyses assignat. Prima est, ne gentes appropriarent sibi locum illum; secunda est, ne gentes ipsum destruerent; tertia vero ratio est, ne quaelibet tribus vellet habere locum illum in sorte sua et propter hoc orirentur lites et jurgia. Vgl. More III cap. 45 (Guide III S. 350). — Als Grund, warum das Allerheiligste im Westen war, giebt Thomas, dem Maimonides folgend, an (Ibidem): Ad quintum dicendum, quod adoratio ad occidentem fuit introducta in lege ad excludendam idololatriam, nam omnes gentiles in reverentiam solis adorabant in orientem, unde dicitur Ezech. 8, quod quidam habebant dorsa contra templum Domini et facies ad orientem et adorabant ad ortum solis. Unde ad hoc excludendum tabernaculum habebat sanctum sanctorum ad occi-

und nur durch bestimmte Personen geschehen, um diese Art der Gottesverehrung dadurch auf ein gewisses Maass einzuschränken [1]). Ebenso durften nur bestimmte Thierarten zum Opferdienst verwendet werden. Verboten waren diejenigen Thiere, die man den Götzen zu opfern pflegte oder die von den Götzendienern in anderer Weise zu schimpflichen Zwecken missbraucht wurden. Für den Opferdienst bestimmt waren solche Thierarten, vor deren Tödtung die Aegypter, mit denen die Israeliten lange im Verkehr gestanden waren, eine besondere Scheu empfanden [2]). Aus demselben Grunde sollte beim Opfer

---

dentem, ut versus occidentem adorarent. Vgl. More III das. (Guide III S. 349). — Von den Cherubim sagt Thomas (Ibidem): Sunt etiam in illo altiori saeculo spirituales substantiae, quae angeli dicuntur et hi significabantur per duos Cherubim mutuo se respicientes ad designandam concordiam eorum ad invicem secundum illud Job. 25: Quia facit concordiam in sublimibus. Et propter hoc etiam non fuit unus tantum Cherubim, ut designaretur multitudo coelestium spirituum et excluderetur cultus eorum ab his, quibus praeceptum erat, ut solum unum Deum colerent. Vgl. More das. (Guide III S. 351—52). — Ueber den Altar (Ibidem): De constructione autem altaris datur a Domino duplex praeceptum, unum quidem in principio legis (Exod. 20), ubi Dominus mandavit, quod facerent altare de terra, vel saltem de lapidibus non sectis, et iterum quod non facerent altare excelsum, ad quod oporteret per gradus ascendere. Et hoc ad detestandum idololatriae cultum, gentiles enim idolis construebant altaria ornata et sublimia, in quibus credebant aliquid sanctitatis et numinis esse (vgl. More das. Guide III S. 354). Propter quod etiam Deus mandavit Deut. 16: Non plantabis lucum et omnem arborem juxta altare Domini, Dei tui. Idololatrae enim consueverant sub arboribus sacrificare propter amoenitatem et umbrositatem. Vgl. More das. (Guide III S. 352).

1) Summ. theolog. II, 1 qu. 101 artic. 3. Ad tertium dicendum, quod vetus lex in multis diminuit corporalem cultum, propter quod statuit, quod non in omni loco sacrificia offerrentur nec a quibuslibet, et multa hujusmodi statuit ad diminutionem exterioris cultus, sicut etiam Rabbi Moyses Aegyptius dicit. Ibidem qu. 102 artic. 4. Ad tertium dicendum, quod ratio unitatis templi vel tabernaculi potest esse et literalis et figuralis. Literalis quidem est ratio ad exclusionem idololatriae, quia gentiles diversis diis diversa templa constituebant, et ideo ut firmaretur in animis hominum fides unitatis divinae voluit Deus, ut in uno loco tantum sibi sacrificium offerretur. Et iterum, ut per hoc ostenderet, quod corporalis cultus non propter se erat ei acceptus, et ideo compescebatur, ne passim et ubique sacrificia offerrent . . . . Quantum vero ad ea, quae pertinebant ad spiritualem cultum Dei, qui consistit in doctrina legis et prophetarum, erant etiam in veteri lege diversa loca deputata, in quibus conveniebant ad laudem Dei, quae dicebantur synagogae. Vgl. More III Cap. 32 (Guide III S. 257—58).

2) Summ. theolog. II, 1 qu. 102 artic. 3. Ad secundum dicendum, quod quantum ad omnia praedicta ratio conveniens fuit, quare

weder Honig noch Gesäuertes zur Verwendung kommen, weil dies nämlich bei den heidnischen Opfern vermuthlich Sitte war [1]). Die Verschiedenheit des Sündopfers richtete sich nach der Verschiedenheit des Standes, dem der Sünder angehörte. Dabei ist jedoch noch der bemerkenswerthe Umstand hervorzuheben, dass die Thiergattung, aus der das Sündopfer genommen wurde, desto niedriger war, eine je schwerere Sünde durch dasselbe gesühnt werden sollte. So wurde z. B. für den Götzendienst als die schwerste Sünde eine Ziege, die gemeinste aller Thiergattungen, zum Opfer gebracht [2]). Von der Darbringung zum Opfer ausgeschlossen sollte alles dem Menschen Verächtliche sein, wie die mit Fehlern behafteten Thiere, der Lohn einer Buhlerin oder der Preis eines Hundes. Aus demselben Grunde durfte auch ein Thier bis zum siebenten Tage nach seiner Geburt nicht dargebracht werden, weil es bis dahin noch nicht als völlig ausgebildet und gewissermassen noch wie eine Frühgeburt zu betrachten ist [3]). Ebenso durften beim Taubenopfer von den

---

ista animalia offerebantur Deo sacrificium et non alia. Primo quidem ad excludendam idololatriam, quia omnia alia animalia offerebant idololatrae diis suis, vel eis ad maleficia utebantur, ista autem animalia apud Aegyptos, cum quibus conversati erant, abominabilia erant ad occidendum, unde ea non offerebant diis suis, unde dicitur Exod. 8: Abominationes Aegyptiorum immolabimus Deo nostro, oves enim colebant, hircos venerabantur, quia in eorum figura daemones apparebant, bobus etiam utebantur ad agriculturam, quam inter res sacras habebant. Vgl. More III Cap. 46 (Guide III S. 361 f.).

1) Ibidem. Ad decimum quartum dicendum, quod mel non offerebatur in sacrificiis Dei, tum quia consueverat offerri in sacrificiis idolorum, tum etiam ad excludendam omnem carnalem dulcedinem et voluptatem ab his, qui Deo sacrificare intendunt. Fermentum vero non offerebatur ad excludendam corruptionem et forte etiam, quia in sacrificiis idolorum consuetum erat offerri. Vgl. More III Cap. 46 (Guide III S. 365). — Ueber das Fehlen des Weihrauchs bei dem Opfer der des Ehebruchs verdächtigten Frau (Ibidem): Et quia sacrificium zelotypiae non procedebat ex devotione, sed magis ex suspicione, ideo in eo non offerebatur thus vgl. More III Cap. 46 (Guide III S. 376 f.).

2) Ibidem artic. 11. Est autem attendendum, ut Rabbi Moyses dicit, quod quanto gravius erat peccatum, tanto vilior species animalium offerebatur pro eo, unde capra, quod est vilissimum animal, offerebatur pro idololatria, quod est gravissimum peccatum. Vgl. More III Cap. 46 (Guide III S. 374—75).

3) Ibidem. Ad septimum dicendum, quod quia animalia maculosa solent haberi contemptui etiam apud homines, ideo prohibitum est, ne Deo in sacrificium offerrentur, propter quod etiam prohibitum erat, ne mercedem prostibuli aut pretium canis in domum Dei offerrent, et eadem etiam ratione non offerebant animalia ante septimum diem, quia talia animalia erant quasi abortiva, nondum plene consistentia propter teneritudinem. Vgl. More das. (Guide III S. 365).

gewöhnlichen Tauben nur die jungen und von den Turteltauben nur die älteren dargebracht werden, weil bei der einen Art die jüngeren und bei der anderen die älteren die besseren sind [1]). In dem Akt der Beschneidung sollte zunächst das Bekenntniss zu dem einzigen Gott zum Ausdruck gelangen, weshalb auch Abraham, der zuerst von den Ungläubigen sich abgesondert, das Gebot der Beschneidung zum ersten Mal an sich vollzogen hat. Um dieses Bekenntniss und die Nachahmung des abrahamitischen Glaubens in den Herzen der Juden zu befestigen, sollten sie ein Zeichen an ihrem Fleische tragen, dessen sie nimmermehr vergessen konnten. Die Beschneidung wurde aber erst am achten Tage nach der Geburt vollzogen, weil das Kind durch eine frühere Beschneidung leicht hätte zu Schaden kommen können; auf einen späteren Zeitpunkt durfte sie nicht hinausgeschoben werden, weil sonst Manche aus Furcht vor Schmerz sie unterlassen würden und weil ferner die mit dem zunehmenden Alter wachsende Liebe zu den Kindern die Eltern veranlassen könnte, ihre Knaben der Beschneidung zu entziehen. Ein anderer Grund für die Beschneidung ist die durch sie herbeizuführende Abschwächung der an jenem Gliede haftenden Begehrlichkeit [2]). Was die Reinheitsgesetze betrifft, so sollte der auf

---

1) Ibidem. Ad quartum dicendum. quod in turturibus meliores sunt majores quam pulli, in columbis autem e converso et ideo, ut Rabbi Moyses dicit, mandantur offerri turtures et pulli columbarum, quia omne, quod est optimum, Deo est attribuendum. Vgl. More das. (Guide III S. 364—66).
2) Summ. theolog. II, 1 qu. 102 artic. 5. Ad primum ergo dicendum, quod literalis ratio circumcisionis principalis quidem fuit ad protestationem fidei unius Dei. Et quia Abraham fuit primus, qui se ab infidelibus separavit, ideo ipse primus circumcisionem accepit.... Et ut haec protestatio et imitatio fidei Abrahae firmaretur in cordibus Judaeorum, acceperunt signum in carne sua, cujus oblivisci non possent, unde dicitur Genes. 17: Erit pactum meum in carne vestra in foedus aeternum (vgl. More III Cap. 49 Guide III S. 418—19). Ideo autem fiebat octava die, quia antea est puer valde tenellus et posset ex hoc graviter laedi et reputatur adhuc quasi quiddam non solidatum, unde etiam animalia non offerebantur ante octavum diem. Ideo vero non magis tardabatur, ne propter dolorem aliqui signum circumcisionis refugerent et ne parentes etiam, quorum amor increscit in filios post frequentem conversationem et eorum augmentum, eos circumcisioni subtraherent (Comment. in Sent. IV dist. 1 qu 2 artic. 3. Vgl. More das. Guide III S. 419—20). Secunda ratio esse potuit ad debilitationem concupiscentiae in membro illo. Ibidem III qu. 70 artic. 3. Vgl. More das. (Guide III S. 416—17): „Ich glaube ebenso, dass einer der Gründe für die Beschneidung der ist, den Beischlaf zu vermindern und das Geschlechtsorgan zu schwächen, um seine Thätigkeit einzuschränken und es, soweit wie möglich, zur Ruhe zu bringen" u. s. w.

irgendeine Weise unrein Gewordene von dem Besuch der Heiligthümer ausgeschlossen sein, um dadurch den Besuch des Tempels seltener zu machen und so die Verehrung vor dem Heiligthum und die Demuth der das Heiligthum Betretenden zu erhöhen. Durch die in der Bibel vorgeschriebenen Reinheitsgesetze sollten aber auch die nach dieser Richtung hin viel weiter gehenden heidnischen Gebräuche eine Einschränkung erfahren [1]). Für die Tödtung der Thiere wurde in der Schrift ein bestimmtes Verfahren angeordnet, einerseits um die bei den Götzendienern gebräuchlichen Tödtungsweisen zu beseitigen, und andererseits, weil dieses Verfahren den Thieren den geringsten Schmerz bereitet [2]). Auch das Verbot des Blutgenusses und des Genusses gewisser Fettstücke hatte neben anderen Gründen den Zweck, die mit dem Blut- und Fettgenusse verbundenen götzendienerischen Gebräuche zu beseitigen [3]); ein anderer Grund besteht darin, dass Blut und Fett keine dem Menschen zuträgliche Ernährungsmittel sind [4]). Das Fleisch mancher Thiere ist zum Genuss verboten, entweder, wie beim Schwein, wegen der unreinlichen Ernährungsweise dieser Thiere, oder weil ihr Fleisch als zu feuchter oder zu trockener Natur dem Menschen schäd-

---

1) Summ. theolog. II, 1 qu. 102 artic. 5. Istarum autem immunditiarum erat ratio et literalis et figuralis. Literalis quidem propter reverentiam eorum, quae ad divinum cultum pertinent, tum quia homines pretiosas res contingere non solent, cum fuerint immundi, tum etiam, ut ex raro accessu ad sacra ea magis venerarentur. Cum enim omnes hujusmodi immunditias raro aliquis cavere possit, contingebat, quod raro poterant homines accedere ad attingendum ea, quae pertinebant ad divinum cultum, et sic, quando accedebant, cum majori reverentia et humilitate mentis accedebant (vgl. More III Cap. 47 Guide III S. 388 f.; Guttmann Die Religionsphilosophie des Saadia S. 139). Ibidem. In quo lex attenuavit superstitionem gentilium, qui non solum per contactum immundi dicebant immunditatem contrahi, sed etiam per collocutionem aut aspectum, ut Rabbi Moyses dicit de muliere menstruata (More das. Guide III S. 390).
2) Ibidem artic. 3. Ad sextum dicendum, quod specialis modus occidendi animalia immolata determinatur in lege ad excludendum alios modos, quibus idololatrae animalia idolis immolabant, vel etiam, ut Rabbi Moyses dicit, lex elegit genus occisionis, quo animalia minus affligebantur occisa. Vgl. More III Cap. 26 (Guide III S. 208).
3) Ibidem. Cujus ratio una quidem fuit ad excludendam idololatriam. Idololatrae enim bibebant de sanguine victimarum et comedebant adipes secundum illud Deut. 32: De quorum victimis comedebant adipes et bibebant vinum libaminum. Vgl. More III Cap. 41. 46 (Guide III S. 321 f. 371).
4) Ibidem: tum etiam, quia sanguis et adeps non generant bonum nutrimentum, quod pro causa inducit Rabbi Moyses. Vgl. More III Cap. 48 (Guide III S. 397).

lich ist [1]). Auch das Verbot, das Böcklein nicht in der Milch seiner Mutter zu kochen, erklärt sich vielleicht aus einem derartigen bei den Festen der Heiden üblichen Brauche, weshalb der Verordnung über die Feier der Feste in der Schrift die Warnung hinzugefügt wird: „Du sollst das Böcklein nicht in der Milch seiner Mutter kochen" [2]). Die Früchte eines neugepflanzten Baumes sollten in den ersten drei Jahren nicht gegessen werden, weil die Heiden diese Früchte ihren Göttern darbrachten oder sie zu magischen Zwecken verbrannten Manche Bäume freilich tragen erst in späteren Jahren Früchte; das Gesetz jedoch nimmt nur darauf Rücksicht, was häufiger vorkommt [3]). Aus Wolle und Leinen gewobene Kleider waren verboten, weil die Heiden bei ihrem Götzendienste sich solcher Kleider bedienten. Aus demselben Grunde sollten Männer keine Frauenkleider und Frauen keine Männerkleider tragen, was aber ausserdem auch noch deshalb verboten war, weil es leicht zur Unzucht führen konnte [4]). Das Verbot, verschiedene Thierarten nicht miteinander zu begatten, hat seinen Grund in der Unnatur

---

1) Ibidem. Secundum autem corporalem immunditatem, quae est corruptionis cujusdam, aliquae animalium carnes immunditiam habent, vel quia ex rebus immundis nutriuntur, sicut porcus ... Vel quia eorum carnes propter superfluam humiditatem vel siccitatem corruptos humores in corporibus humanis generant. Vgl. More III Cap. 48 (Guide III S. 396).

2) Ibidem. Vel potest dici, quod gentiles in solennitatibus idolorum taliter carnes hoedi decoquebant ad immolandum vel ad comedendum. Et ideo Exod. 23, postquam praedictum fuerat de solennitatibus celebrandis in lege, subjungitur: Non coques hoedum in lacte matris suae. Vgl. More III Cap. 48 (Guide III S. 398). Maimonides bemerkt allerdings ausdrücklich, dass er von einem solchen Brauche der Heiden nirgendwo Etwas gelesen habe.

3) Ibidem. Ad quintum dicendum, quod gentiles fructus primitivos, quos fortunatos aestimabant, diis suis offerebant, vel etiam comburebant eos ad quaedam magica facienda. Et ideo praeceptum est eis, ut fructus trium primorum annorum immundos reputarent. In tribus enim annis fere omnes arbores terrae illius fructum producunt, quae scilicet vel seminando vel plantando coluntur. Raro autem contingit, quod ossa fructuum arboris vel semina latentia seminentur. Haec enim tardius facerent fructum, sed lex respexit id, quod frequentius fit. Vgl. More III Cap. 37 (Guide III S. 290—91).

4) Ibidem. Et ideo prohibitum fuit eis, ne inducerentur vestimenta ex lana et lino contexta et ne mulier indueretur veste virili aut econverso propter duo. Primo quidem ad vitandum idololatriae cultum ... Alia ratio est ad declinandum luxuriam, nam per commixtiones varias in vestimentis omnis inordinata commixtio coitus excluditur. Quod autem mulier induatur vesti virili aut econverso incentivum est concupiscentiae et occasionem libidini praestat. Vgl. More III Cap. 37 (Guide III S. 285).

einer solchen Begattung; auch sollte der Begehrlichkeit, die der Anblick eines solchen Vorgangs erweckt, vorgebeugt werden, weshalb sich auch in der Ueberlieferung der Juden die Vorschrift findet, dass man von den sich begattenden Thieren sein Auge abwenden solle[1]). Die Einsetzung der Sabbatfeier hatte den Zweck, der Hinneigung zu den Irrthümern der Heiden bei den Juden entgegenzuwirken und ihnen den Gedanken der Weltschöpfung vor Augen zu führen, um sie dadurch zur Gotteserkenntniss und zur Gottesfurcht anzuleiten[2]).

Wie Maimonides, so theilt auch Thomas von Aquino die biblischen Gebote ein in praecepta caerimonialia (הקים) und in praecepta judicialia (משפטים), nur dass die letzteren bei Thomas nicht, wie bei Maimonides, auch die Moralgesetze umfassen, sondern sich auf die zur Ordnung der eigentlichen Rechtsverhältnisse bestimmten Gesetze beschränken[3]). Auch in der Auslegung und Begründung dieser Rechtsgesetze lehnt Thomas sich vielfach an Maimonides an. So lehrt er, mit Maimonides genau übereinstimmend, dass die Bibel sich in der Abmessung der Strafen für die einzelnen Vergehen von folgenden Gesichtspunkten habe leiten lassen. Die Strafe ist umso schwerer: 1) je grösser das Vergehen ist, 2) je häufiger das Vergehen vorkommt, weil die Menschen von solchen Vergehen, die bei ihnen schon zur Gewohnheit geworden sind, nur durch schwere Strafen sich abschrecken lassen, 3) je grösser der Reiz zur Ausübung eines

---

1) Ibidem. Alia ratio est ad excludendum concubitum contra naturam. Tertia ratio est ad tollendam universaliter occasionem concupiscentiae. Animalia enim diversarum specierum non commiscentur de facili ad invicem, nisi hoc per homines procuretur, et in aspectu coitus animalium excitatur homini concupiscentiae motus, unde et in traditionibus Judaeorum praeceptum invenitur, ut Rabbi Moyses dicit, ut homines avertant oculos ab animalibus coeuntibus. Vgl. More III Cap. 49 (Guide III S. 416.) Die angeführte Vorschrift findet sich im Talmud b. Aboda Sara fol. 20 b.
2) Summ. theolog. II, 1 qu. 100 artic. 5. Ad secundum dicendum, quod omnes sollenitates veteris legis sunt institutae in commemorationem alicujus divini beneficii, vel praeteriti commemorati, vel futuri praefigurati, et similiter propter hoc omnia sacrificia offerebantur. Inter omnia autem beneficia Dei commemoranda primum et praecipuum erat beneficium creationis, quod commemoratur in sanctificatione sabbati. Comment. in Sent. III dist. 37 qu. 1 artic. 5. Similiter etiam, quia ad errorem gentium proni erant, indicta est eis observatio sabbati, ut creationem mundi semper prae oculis haberent et sic Deum recognoscerent et timerent, quam causam tangit Rabbi Moyses. Vgl. More II Cap. 31. III Cap. 32. 41. 43 (Guide II S. 258 f. III S. 260. 323. 340).
3) Summ. theolog. II, 1 qu. 104 artic. 1. Vgl. More III Cap. 26 (Guide III S. 204 - 205).

Vergehens ist, weil diesem Reize nur durch die Furcht vor einer schweren Strafe entgegengewirkt werden kann, und 4) je leichter ein Vergehen auszuüben ist, damit Andere durch die Grösse der Strafe von der Ausübung dieses Vergehens abgeschreckt würden [1]). Aber auch bei einem und demselben Vergehen fällt das Urtheil verschieden aus, je nachdem ob es 1) unbeabsichtigt oder wenigstens zum Theil unbeabsichtigt, 2) aus Unwissenheit, 3) mit Absicht, 4) aus Muthwillen begangen worden ist [2]). Der Gesichtspunkt, ob ein Vergehen mehr oder minder häufig vorkommt, ist besonders für die Strafabmessung bei den verschiedenen Arten des Diebstahls ausschlaggebend. Bei den Dingen, wo ein Diebstahl nicht so häufig vorkommt, weil sie sich leichter bewachen lassen, hatte der Dieb nur das Doppelte des gestohlenen Gutes als Strafe zu entrichten. Für die Entwendung von Schaafen, die auf den Aeckern weiden und sich nicht so leicht bewachen lassen, musste das Vierfache und für die Entwendung von Ochsen, die noch schwerer zu bewachen sind, weil sie nicht wie die Schaafe in Heerden geweidet werden können, musste sogar das Fünffache entrichtet werden [3]). Die Todesstrafe wird

---

1) Summ. theolog. II, 1 qu. 105 artic. 2. Ad nonum dicendum, quod non solum propter gravitatem culpae, sed etiam propter alias causas gravis poena infligitur. Primo quidem propter quantitatem peccati, quia majori peccato caeteris paribus poena gravior debetur. Secundo propter peccati consuetudinem, quia a peccatis consuetis non facile homines abstrahuntur nisi per graves poenas. Tertio propter multam concupiscentiam vel delectationem in peccato, ab his enim non de facile homines abstrahuntur nisi propter graves poenas. Quarto propter facilitatem committendi peccatum et jacendi in ipso, hujusmodi enim peccata, quando manifestentur, sunt magis punienda ad aliorum terrorem. Vgl. More III Cap. 41 (Guide III S. 317—318).

2) Ibidem. Circa ipsam etiam quantitatem peccati quadruplex gradus est attendendus etiam circa unum et idem factum. Quorum primus est, quando involuntarius peccatum committit.... Secundus gradus est, quando quis per ignorantiam peccavit.... Tertius gradus est, quando aliquis ex superbia peccabat, i. e. ex certa electione, vel ex certa malitia, et tunc puniebatur secundum quantitatem delicti. Quartus autem gradus est, quando peccabat per proterviam et pertinaciam et tunc quasi rebellis et destructor ordinationis legis omnino occidendus erat. Vgl. More III Cap. 41 (Guide III S. 326): „Man muss ferner wissen, dass man in Betreff der Uebertretung der Verbote der Thora vier Kategorieen aufstellen kann: 1) diejenige, zu der man gezwungen ist, 2) diejenige, die aus Unachtsamkeit, 3) diejenige, die mit Vorbedacht, und 4) diejenige, die mit Muthwillen begangen wird".

3) Ibidem. Secundum hoc dicendum est, quod in poena furti considerabatur secundum legem id, quod frequenter accidere poterat, et ideo pro furto aliarum rerum, quae de facili custodiri possunt a furibus, non reddebat fur nisi duplum. Oves autem non de facili

in der biblischen Gesetzgebung nur wegen der allerschwersten Verbrechen verhängt, nämlich wegen der Vergehen, die gegen Gott gerichtet sind, wegen Mord, wegen Menschenraub, wegen Verletzung der den Eltern schuldigen Ehrerbietung, wegen Ehebruch und wegen Blutschande [1]). Das Gebot, dass ein Thier, das einen Menschen getödtet oder mit dem ein Mensch Unzucht getrieben hat, getödtet werden solle, ist nicht so aufzufassen, als ob das vernunftlose Thier damit bestraft werden solle; die Strafe soll vielmehr den Eigenthümer treffen, der es an der nöthigen Ueberwachung seiner Thiere hat fehlen lassen [2]). Der Verordnung über das Sühnopfer, das von den Aeltesten der nächstbelegenen Stadt sollte dargebracht werden, wenn der Leichnam eines ermordeten Menschen war aufgefunden worden und man nicht wusste, wer der Mörder sei, liegt die Voraussetzung zu Grunde, dass der Mörder wohl in den meisten Fällen aus der nächstbelegenen Stadt stammen werde. Die Tödtung der jungen Kuh, die noch nicht am Joch gezogen hatte, sollte zur Aufklärung des Mordes führen, denn erstens mussten die Aeltesten der Stadt dabei einen Schwur ablegen, dass sie in der Bewachung der Wege Nichts verabsäumt hätten, und dann war anzunehmen, dass die Bewohner der Stadt, um sich vor dem Verlust zu schützen, der ihnen durch die Tödtung der Kuh und durch das Brachliegenlassen des Ortes, an dem sie getödtet wurde, erwachsen würde, Alles, was sie über den Mord wüssten, zur Anzeige bringen würden, wie überhaupt schon die allgemeine Besprechung des ganzen Vorgangs geeignet war, auf die Spur des Mörders zu führen [3]).

---

possunt custodiri a furto, quia pascuntur in agris, et ideo frequentius contingebat, quod oves furto subtraherentur, unde lex majorem poenam apposuit, ut scilicet quatuor oves pro una ove redderentur. Adhuc autem boves difficilius custodiuntur, quia habentur in agris et non ita pascuntur gregatim sicut oves, et ideo adhuc hic majorem poenam apposuit, ut scilicet quinque boves pro uno bove redderentur. Vgl. More III cap. 41 (Guide III S. 315).

1) Ibidem. Ad decimum dicendum, quod lex vetus poenam mortis inflixit in gravioribus criminibus, scilicet in his, quae contra Deum peccantur, et in homicidio et in furto hominum et in irreverentia ad parentes et in adulterido et in incestibus. Vgl. More III Cap. 41 (Guide III S. 322—323).

2) Ibidem. Ad undecimum dicendum, quod animalia bruta mandabantur occidi non propter aliquam ipsorum culpam. sed in poenam dominorum, qui talia animalia non custodierant ab hujusmodi peccatis. Vgl. More III Cap. 40 (Guide III S. 307—308).

3) Ibidem. Ad duodecimum dicendum, quod ratio literalis illius mandati fuit, ut Rabbi Moyses dicit, quia frequenter interfector est de civitate propinquiori, unde occisio vitulae fiebat ad explorandum homicidium occultum, quod quidem fiebat per tria. Quorum unus

Den Beschluss unserer Nachweisungen möge eine in das Gebiet des Eherechts einschlagende Bemerkung bilden. Das Verbot der Ehe unter Blutsverwandten hat, wie Thomas an mehreren Stellen und einmal unter ausdrücklicher Berufung auf Maimonides ausführt, seinen Grund darin, dass die Blutsverwandten, wenn ihnen ein geschlechtlicher Umgang miteinander gestattet wäre, in Folge des engen Verkehrs und der sich ihnen leicht darbietenden Gelegenheit, dem Geschlechtstrieb in übermässiger Weise fröhnen würden [1]). Maimonides selber freilich hat diese Auslegung des biblischen Verbots dem Saadia entlehnt [2]).

---

est, quod seniores civitatis jurabant nihil se praetermisisse in custodia viarum. Aliud est, quia ille, cujus erat vitula, damnificabatur in occisione animalis, ut, si prius manifestaretur homicidium, animal non occideretur. Tertium quia locus, in quo occidebatur vitula, remanebat incultus. Et ideo ad evitandum utrumque damnum homines civitatis de facili manifestarent homicidam, si scirent, et raro poterat esse, quin aliqua verba vel indicia super hoc facta essent. Vgl. More III Cap. 40 (Guide III S. 340 f.). Der erste Grund geht auf die Mischna (Sota IX, 6) zurück. Die Schlussworte bei Thomas werden erst verständlich, wenn man die betreffende Stelle bei Maimonides vergleicht: „In den meisten Fällen wird die Untersuchung, die Abreise der Alten, das Ausmessen der Entfernungen und die Darbringung der jungen Kuh nothwendig zu zahlreichen Erzählungen und Unterhaltungen Veranlassung geben; die Sache wird dadurch eine solche Verbreitung erlangen, dass man zur Erkenntniss des Mörders gelangen wird" u. s. w.

1) Summ. theolog. II, 2 qu. 154 artic. 9. Secunda ratio est, quia personas sanguine conjunctas necesse est ad invicem simul conversari. Unde si non arcerentur a commixtione venerea, nimia opportunitas daretur hominibus venereae commixtionis et sic animi hominum nimis emollescerent per luxuriam. Et ideo in veteri lege illae personae specialiter videntur prohibitae esse, quas necesse est simul commorari. Comment. in Sent. IV dist 40 qu. 1 artic. 3. Ibidem. artic. 4. Unde, ut dicit Rabbi Moyses, omnes illae personae exceptae sunt a matrimonio, quae in una familia cohabitare solent Vgl. More III Cap. 49 (Guide III S. 412). — Wir schliessen hier gelegentlich noch die Bemerkung an, dass Thomas die Ansicht des Maimonides (More III Cap. 49 Guide III S. 408), vor der Gesetzgebung sei der ausserebeliche Geschlechtsverkehr erlaubt gewesen, bestreitet. Comment. in Sent. IV dist. 33 qu. 1 artic. 3. Ad tertiam quaestionem dicendum, quod Rabbi Moyses dicit, quod ante tempus legis fornicatio non erat peccatum, quod probat ex hoc, quod Iudas cum Thamar concubuit. Sed ista ratio non cogit, non enim necesse est filios Jacob a mortali peccato excusari, cum accusati fuerint apud patrem crimine pessimo et in Joseph necem vel venditionem concenserint.

2) Vgl. Guttmann Die Religionsphilosophie des Saadia S. 139.